이중톈 중국사
\07\

진시황의 천하

진시황의 천하

秦幷天下

易 中 天 中 國 史

이중톈 중국사 \07\

이중톈 지음 | **김택규** 옮김

글항아리

진시황의 시체는 비밀리에 셴양으로 옮겨졌다.
그때 그의 시체 곁에는
소금에 절인 생선이 가득 쌓여 있었다.
하지만 그의 사업은
유방에게 고스란히 계승되었다.
그가 개척한 영토, 그가 고안한 제도,
그가 건설한 도로 그리고 그 배후의 이상까지.

차례 / 易 / 中 / 天

中 / 國 / 史 /

제4장

유방이 황제가 되다

제5장

진나라는 죽지 않았다

진시황의 3대 혁명은
황제라 칭한 것과 봉건제에 반대한 것 그리고 통일이었다.

제1장

시황제의 혁명

흥하고 망하는 것은 순간일 뿐

태양이 또 서쪽에서 뜨다

야만족이 역사를 쇄신하다

진나라의 부상

1호 문건

봉건제에 반대하다

통일

흥하고 망하는 것은 순간일 뿐

진나라의 대제국은 마치 타이타닉호처럼 순식간에 침몰해버렸다. 과거에 자신들이 세상에 나타났을 때와 마찬가지로 너무나 신속하게 최후를 맞았다.

아래의 연대표를 살펴보자.

기원전 230년, 진나라가 한나라를 멸함.

기원전 228년, 진나라가 조나라를 멸함.

기원전 225년, 진나라가 위나라를 멸함.

기원전 223년, 진나라가 초나라를 멸함.

기원전 222년, 진나라가 연나라를 멸함.

기원전 221년, 진나라가 제나라를 멸하고 영정嬴政이 황제라 칭함.

기원전 210년, 진시황이 죽고 이세二世 황제가 제위에 오름.

기원전 209년, 진승陳勝과 오광吳廣이 반란을 일으킴.

기원전 207년, 진나라가 황제의 호칭을 포기하고 왕으로 개칭.

기원전 206년, 진나라 멸망.

요컨대 진나라는 왕국에서 제국이 되기까지 9년밖에 걸리지 않았으며 칭제稱帝 후 멸망까지도 15년밖에 걸리지 않았다.

아마도 진시황은 이런 결과를 예상하지 못했을 것이다.

사실 그는 자신의 제국에 대해 자신감이 가득했다. 그의 자신감은 칭제 후 첫 번째 조서에서 분명하게 표현되었다.

그 조서의 내용은 시호諡號 제도의 폐지에 관한 것이었다.

이른바 시호란 고대 중국의 군주, 귀족, 명사가 죽은 뒤에 그 공과의 평가를 통해 부여받던 호칭으로서 평왕平王의 '평平', 문공文公의 '문文', 양자襄子의 '양襄' 등을 말한다. 시호를 받으면 그 사람은 역사의 평가를 받는 셈이었다. 가장 훌륭한 시호는 '문文'과 '무武'였고 '영靈'은 불길한 시호였다. 춘추시대의 진晉 영공, 정鄭 영공, 진陳 영공, 초 영왕은 모두 비명횡사했다.

다소 에두르거나 모호하더라도 역사는 언제나 가치판단을 내리곤 했다.

하지만 진시황의 생각은 달랐다. 왜냐하면 군주의 시호는 생전에 자기 스스로 결정하지 못하고 사후에 다른 사람들이 의논해 결정할 수밖에 없었기 때문이다. 진시황은 이것이 "자식이 아버지에 대해 논하고 신하가 군주에 대해 논하는子議父, 臣議君" 격이어서 취해서는 안 된다고 생각했다.

그런데 시호에 또 다른 기능이 있다는 점이 문제였다. 시호가 있어야 역대 군주들을 구별할 수 있었다. 예를 들어 주나라에서 문왕 다음에 무왕, 무왕 다음에 성왕成王, 성왕 다음에 강왕康王이었던 식으로 말이다. 만약 모두가 주왕周王이면 누가 누구인지 알 도리가 없다.

마찬가지로 시호를 없애면 진나라의 황제는 다 진황秦皇이라 불릴 텐데, 그러면 후대 사람들이 역사를 읽을 때 어떻게 구별을 하겠는가?

이에 진시황은 스스로 방법을 마련했다.

> 짐은 시황제다. 내 후손들은 숫자대로 이세, 삼세, 만세까지 영원토록 이어질 것이다朕爲始皇帝. 後世以計數, 二世三世至於萬世, 傳之無窮.[1]

위의 글을 보면 그는 진나라 제국이 멸망할 것이라고는 꿈에도 생각지 않았던 것 같다.

하지만 결과는 어떠했나?

겨우 이세에 망하고 말았다.

실제로 이세 황제가 즉위하고 그 이듬해에 진승과 오광이 난을 일으켰다. 의병의 깃발이 오르자 저마다 이에 호응하여 반란의 불길이

1 『사기』「진시황본기秦始皇本紀」 참고.

순식간에 전국으로 번져나갔다. 2년 뒤, 진나라 재상 조고趙高는 이세황제를 모살하고 제위를 없애고서 자영子嬰을 진왕으로 옹립했다. 다시 말해 진나라는 겨우 14년의 영화를 누리고 급전직하하여 다시 제국에서 왕국으로 돌아간 것이다. 더 비극적인 것은, 진나라가 왕국으로 추락하고도 더 목숨을 부지하지 못해 자영이 곧장 유방에게 투항한 것이다. 이 불쌍한 군주의 재위 기간은 겨우 46일이었다.

자영이 투항한 지 한 달 뒤, 항우項羽가 제후들의 연합군을 이끌고 진나라의 수도 셴양咸陽에 입성했다. 그는 멧돼지처럼 들이닥쳐 재물을 약탈하고, 미녀들을 포로로 잡고, 궁궐을 불태우고, 자영을 살해하고, 진나라 귀족들을 몰살시켰다. 그런 다음, 천하를 제후들에게 나눠주고 스스로 패왕霸王이라 칭하고서 팽성彭城에 도읍을 두었다. 이를 역사에서는 '서초西楚'[2]라고 칭한다. 본래의 진나라 왕국은 3개의 지역으로 나뉘어 투항한 진나라의 세 장군에게 돌아갔고 이 지역들은 '삼진三秦'[3]이라 불렸다.

광활한 대제국이 이렇게 속절없이 무너지고 말았다. 진시황에 의해 폐지되었던 시호 제도도 한나라 때 부활하여 청나라 말까지 이어졌다. 한 무제武帝의 '무', 한 헌제獻帝의 '헌'은 시호다.

이런 일들은 놀랍기 그지없다.

과거를 돌아보면 진나라는 얼마나 강력했던가! 기원전 241년, 초나라의 주도로 조, 위魏, 한, 위衛까지 함께 5개국 연합군을 조직하고 고

2 팽성은 오늘날의 장쑤 성 쉬저우徐州. 옛날 사람들은 강릉江陵(오늘날의 후베이 성 징저우荊州)을 남초南楚, 오吳(오늘날의 장쑤 성 쑤저우蘇州)를 동초東楚, 그리고 팽성을 서초라 불렀다.
3 이 세 왕국은 옹雍, 새塞, 적翟이었다.

열왕考烈王이 총사령관, 춘신군春申君이 참모장이 되어 진나라를 공격했다. 연합군은 함곡函谷(지금의 허난 성 링바오靈寶)에 이르러 기세등등하게 성문을 부수고 돌진할 태세를 갖췄다. 그러나 진나라인들은 태연히 문을 열고 적을 맞이했으며 이에 5개국 연합군은 혼비백산해서 싸워보지도 않고 달아났다. 진나라인들은 손가락 하나 까딱하지 않았는데도 각국은 죽기만을 기다리는 새끼 양이 돼버렸다.[4]

하지만 이제 진나라는 금방이라도 쓰러질 듯 쇠약해졌다. 셴양을 파괴한 항우는 본래 일개 무인이었고 처음으로 봉기한 진승은 본래 국경 수비병에 불과했으며 자영에게 항복을 받아낸 유방도 제국의 정장亭長에 지나지 않았다. 진나라의 행정제도에서 10리里는 1정, 10정은 1향鄕이었다. 정장은 향장鄕長보다 더 낮은 '말단 간부'였을 뿐인데 놀랍게도 진나라 황제를 대신해 새 제국의 초대 황제가 된 것이다.

여기에는 역사의 어떤 현묘한 이치가 숨어 있지 않을까?

만약 그렇다면 그 이치는 또 무엇일까?

4 『자치통감資治通鑑』 제6권 참고.

태양이 또
서쪽에서 뜨다

주나라처럼 진나라도 '서쪽에서 뜬 태양'이었다.

진나라인은 줄곧 서쪽 지역에 산 듯하지만 확실한 증거는 없다. 전해오는 이야기에 따르면 그들의 선조는 대비大費, 즉 우禹의 치수를 도운 백익伯益이라고 한다. 백익의 아버지는 순舜의 법무장관이었던 고요皐陶(대업大業이라고도 함)이며 고요의 어머니는 전욱顓頊의 손녀인 여수女脩다. 그녀는 무심코 제비의 알을 먹었다가 고요를 임신해 낳았다.[5]

이 이야기는 상商나라를 세운 상족商族의 전설과 판에 박은 듯 똑같아서 혹시 날조된 것이 아닌지 의심이 든다. 그러나 백익이 순에게서 '영嬴'이라는 성을 하사받았다는 부분은 주목할 만한 가치가 있다.

진족秦族의 성이 '영'인 것은 꼭 순의 하사 때문이었다고는 볼 수 없다. '영嬴' 자는 '여女'에서 기인하므로 확실히 부계의 '씨氏'가 아니라 모계의 '성姓'이다. 염제炎帝의 성이 '강姜'이고 황제黃帝의 성이 '희姬'인 것과

5 『사기』「진본기秦本紀」와 그 주석 참고.

마찬가지다. 그런데 '강'이 양 치는 여자이고 '희'가 미녀족이라면[6] '영'은 무엇일까?

금문金文의 '영' 자를 살펴보자.

실로 눈이 어지러울 정도로 복잡하고 변화가 많은 글자 모양이다. 문자학자들의 설명은 두 가지로 나뉘는데, 대다수는 '영'을 나나니벌

금문의 '영'
(경영유庚嬴卣)

금문의 '영'
(효백반嚻伯盤)

금문의 '영'
(순백수筍伯盨)

금문의 '영'
(자조영예군전子弔嬴芮君盞)

금문의 '영'
(영씨정嬴氏鼎)

금문의 '영'
(번부인용영격樊夫人龍嬴鬲)

금문의 '영'
(백위부화伯衛父盉)

금문의 '영'
(성백손부격成伯孫父鬲)

금문의 '영'
(영계궤嬴季簋)

금문의 '영'
(번부인용영호樊夫人龍嬴壺)

*이상은 『고문자고림古文字詁林』 제9권 747쪽에서 인용.

6 『선조: 이중톈 중국사1』 참고.

이라고 생각하지만 용이라고 생각하는 사람도 더러 있다. 하지만 둘 중 어느 쪽이든 진족이 매우 오랜 기원을 가졌고 모계 씨족에서 부락으로 변했음을 증명해준다.

부락으로 변한 이 종족도 염제족과 황제족처럼 고유한 토템이 있었다. 다만 그 토템이 나나니벌이었는지, 용이었는지 지금 우리가 모를 뿐이다. 초나라인의 토템이 곰이었듯이 아마 진나라인의 토템은 용이었을지도 모른다. 만약 이 추측이 옳다면 진족은 '용의 후손'이었을 테니 그들 중에서 '조룡'祖龍(진시황의 별칭)이 나온 것은 하늘의 뜻이었던 셈이다.[7]

그러나 요, 순, 우의 시대에 진은 아직 '잠룡潛龍'에 불과했다. 훗날 전국칠웅 중에서도 그들의 지위는 심지어 남방의 만이蠻夷 출신인 초나라보다도 낮았다. 초나라는 서주 초기에 분봉分封(천자가 땅을 나누어 제후를 봉하던 일)을 받았다. 작위가 자작子爵에 불과했던 것은 역시 만이로 간주되었기 때문일 것이다. 그런데 진나라는 주 효왕孝王 때에 이르러서야 분봉을 받았고 작위도 겨우 대부였다.

진나라 군주가 정식으로 제후에 봉해진 것은 기원전 770년이었다. 그때는 이미 주 평왕平王이 동쪽의 뤄양洛陽으로 수도를 옮기고 주나라인의 옛 근거지는 서융西戎에게 점령된 상태였다. 그래서 주 평왕은 자신을 호위하는 데 공을 세운 진 양공襄公에게 말했다.

 "만약 저 야만인들에게 빼앗긴 땅을 진나라가 되찾아온다면 치산

7 『고문자고림』 제9권 747~749쪽 참고.

岐山 서쪽의 땅은 다 가져도 좋다."

이처럼 이때 진나라가 얻은 봉지封地는 어처구니없게도 적의 점령지였다.

주 평왕이 당시 무슨 생각으로 그런 말을 했는지는 이미 알 수가 없다. 아마도 서융에게 빼앗긴 치산과 펑수이豐水 일대를 자기 힘으로는 도저히 되찾을 수 없었으므로 이참에 그냥 공수표나 날리고 보자는 속셈이었을 것이다. 진나라가 능력이 있어 그 공수표를 현금화하면 당연히 좋은 일이고 현금화하지 못해도 그는 손해 볼 것이 없었다. 한마디로 자기 돈 한 푼 안 들이고 인심 쓴 격이었다.

진나라의 선대 군주들은 대단히 진취적이었다. 그들은 정말로 주나라가 잃은 영토를 되찾은 뒤, 기산 동쪽의 땅은 주나라 천자에게 헌납하고 자신들은 기산 아래까지 영토를 확장했다. 진나라는 그제야 작위와 기반을 모두 갖추고 정식으로 천하의 가장 서쪽 방국邦國이 된 셈이었다.

그것은 진 문공文公 16년(기원전 750)의 일이었다. 그 후로 진나라는 끊임없이 동쪽으로 나아갔다. 기원전 714년 진 영공寧公은 평양平陽(지금의 산시陝西 성 바오지寶鷄 양핑 진陽平鎭)으로, 기원전 677년 진 덕공德公은 옹雍(지금의 산시 성 펑샹鳳翔 남쪽)으로 수도를 옮겼다. 그 후 셴양으로 천도했을 때 진나라는 이미 전국칠웅 중 하나가 되어 있었으며 효공孝公은 주 현왕顯王에 의해 서백西伯(서쪽의 패주霸主)에 봉해졌다.

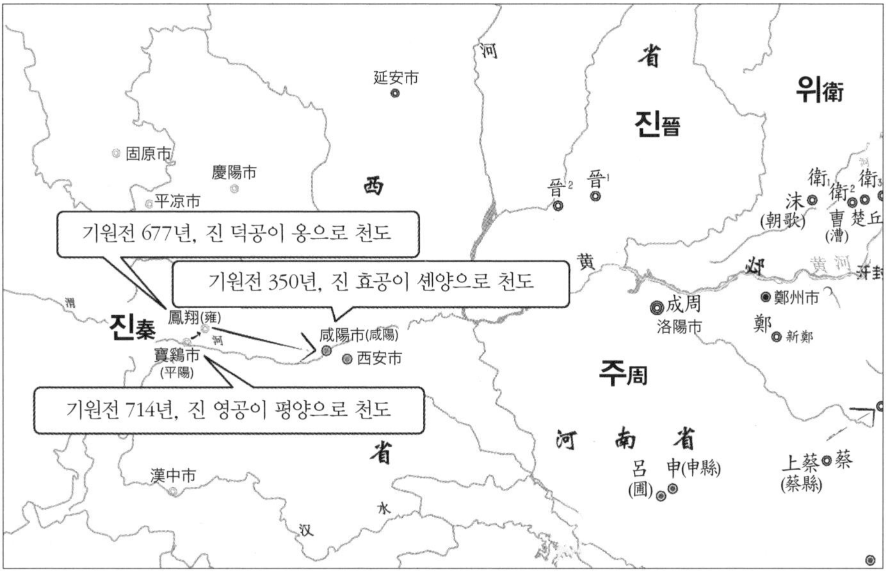

진나라의 수도 이전

이와 동시에 그들은 주나라를 파멸시켰다.

이것은 물론 많은 사람이 예상치 못한 결과였다. 주 왕실이 아무리 허약해졌어도 반드시 진나라의 손에 최후를 맞으리라는 법은 없었기 때문이다. 제나라, 초나라, 조나라, 위나라, 연나라, 한나라 중에 늑대의 야심이 없거나 실력이 모자란 나라는 없었다. '칠웅'이라고 불린 만큼 모두가 결코 호락호락하지 않았다.

사실 당시에 영토가 가장 넓었던 나라는 초나라였다. 그다음이 진나라였고 또 그다음은 조나라였다. 그리고 제나라, 위나라, 연나라가 그 뒤를 이었다. 하지만 제나라도 송나라를 겸병했으며 도합 72개의 성을 보유했다. 기반이 가장 협소했던 한나라도 정나라를 멸했다. 훨씬 더 많은 나라를 멸한 것은 초나라였다. 오래된 방국인 진陳나라, 채나라, 노나라뿐만 아니라 오나라를 겸병한 월나라까지 수중에 넣었다. 이런 나라가 어찌 약자였겠는가?

병력에서도 일곱 나라 중 병사가 가장 많았던 나라가 초나라로서 무려 100만 명에 달했다. 그다음은 제나라와 위나라로 각기 70만 명이었고 또 그다음은 진나라로 60만 명이었다. 이어서 조나라가 45만 명, 한나라와 연나라는 각기 30만 명이었다. 따라서 가장 약한 연나라와 한나라가 손을 잡아도 병력 면에서는 진나라에 필적했다. 만약 여섯 나라가 합종合縱을 이뤘다면 총 병력이 340~350만 명에 달해 진나라의 다섯 배가 훨씬 넘었을 테니 진나라가 어찌 당해낼 수 있었겠는가?[8]

이 점은 확실히 설명이 필요하다.

8 판원란范文瀾, 『중국통사』 제1권 199쪽 참고.

야만족이
역사를 쇄신하다

진나라가 성공할 수 있었던 것은 아마도 그들이 '야만족'이었기 때문일 것이다.

실제로 야만족은 역사를 고쳐 쓸 가능성이 있었다. 역사를 꼭 좋은 쪽으로 고쳐 쓰지는 않더라도 말이다. 하지만 어떤 야만족이 학습에 능하고 야만의 정신을 보존할 수 있으면 자신들의 스승을 뛰어넘고 그 스승의 기초 위에서 더 선진적인 문화를 창출할 수도 있었다. 고대 그리스인과 로마인, 훗날의 아랍인과 유럽인이 모두 그랬다.

똑같은 이야기가 중국 대륙에서도 전개되었다. 하나라 시대에 동쪽의 상족, 상나라 시대에 서쪽의 주족周族은 야만족이었다. 그런데 결과적으로 상나라의 문명은 하나라의 문명보다, 그리고 주나라의 문명은 상나라의 문명보다 앞섰다. 아무래도 문명의 연속과 발전, 창조에는 신선한 피가 필요했던 것 같다. 설사 그것이 이른바 야만족의 피라 하더라도.

진나라가 방국이 되었을 당시의 동주東周는 마침 그런 시점에 처해 있었다.

먼저 지도를 보기로 하자.

이 그림은 춘추시대 천하의 대세를 보여주는데, 이른바 '중국(중원) 지역'에 살던 '제하諸夏' 국가들이 대부분 기울어지고 있었음을 알 수 있다. 그중에서도 상황이 가장 안 좋았던 진陳나라, 채蔡나라, 조曹나라는 일찌감치 삼등국으로 몰락했다. 그나마 조금 나았던 주나라, 정나라, 송나라, 위衛나라, 노나라도 이등국일 뿐이었다. 그러면 일등국은 어디였을까? 진晉나라, 초나라, 제나라, 진秦나라, 월나라였다.

이 다섯 개 일등국은 모두 '중국'의 주변부에 위치했으며 심지어 '화하華夏'의 종주국도 아니었다. 초나라는 남만南蠻으로서 북쪽에는 노융盧戎이, 남쪽에는 백복百濮이 살았다. 월나라는 동이東夷로서 북쪽에는 회이淮夷가, 남쪽에는 백월百越이 살았다. 제나라도 동이였다. 그들의 초대 군주는 강태공姜太公이었지만 봉지에 오자마자 동이로 변했다. 교동膠東 반도의 내이萊夷를 병탄한 뒤에는 화하인지 오랑캐인지 구분하기가 한층 더 어려워졌다.

연나라도 서주의 개국공신 소공召公 석奭의 후예라고 칭하기는 했지만 실제로는 산융山戎의 거주 지역에 위치했다. 이 지역과 '중국' 사이에는 북융北戎, 백적白狄, 적적赤狄이 자리했다. 이 지역도 본디 "문명의

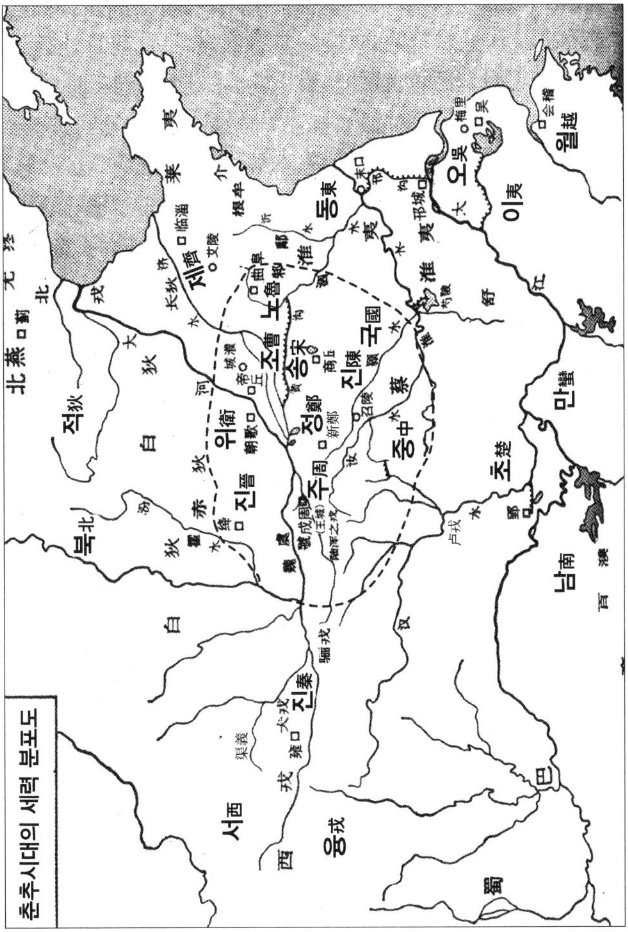

판원란의 『중국통사』 126쪽 그림에 근거해 제작.

교화가 미치지 못하는" 땅이었던 것이다. 춘추시대에 그들이 어떠했는지는 거의 기록된 바가 없다. 그런데 전국시대가 되어 일약 칠웅 중 하나로 떠올랐으니 여기에는 분명 어떤 이유가 있을 것이다.

진나라는 연나라와 꽤 흡사했다. 다만 연나라인은 북쪽으로 이주한 중원 사람들이었고 진나라인은 본래 서융이었을 것이다. 그들이 맨 처음 살던 지역(오늘날의 간쑤 성 리禮 현 동북부)은 '견융犬戎'과 마찬가지로 '견구犬丘'라 불렸고 나중에 그들은 말을 잘 키운다는 이유로 진秦 땅에 책봉되었다. 이는 진나라인이 본래 유목민족이었으며 그들의 봉토는 곧 주나라의 유목 지역이었음을 보여준다.

진나라는 유목민에서 농민으로, 유목 지역에서 방국으로 바뀌었다.

이런 변화는 아마도 두 가지 선택의 결과였을 것이다. 하나는 융적에게 포위되어 있던 주나라가 '평화로운 변화'를 통해 적을 친구로 삼고자 했기 때문이고, 또 하나는 서융의 종족들 중에서 가장 영리했던 진족 역시 앞선 화하문명을 배우려 했기 때문이다. 이처럼 양쪽의 이해관계가 잘 맞아떨어진 것이었다.

그래서 평왕의 뤄양 천도 이후, 주나라와 진나라 양국은 짧지 않은 밀월 시대를 보냈다. 진나라의 '화하화華夏化'는 틀림없이 이 시기에 완성되었을 것이다. 다만 견융과 여융驪戎에게 둘러싸여 있고 융적과 함께 생활했던 탓에 그들이 주나라에 완전히 동화되는 것은 불가능했다. 훗날 주나라의 잔여 세력이 진나라에 의해 남김없이 척결된 것은 결코 우연이 아니었다.

이것이 바로 춘추시대와 전국시대 사이의 중화문명권이었다. 중심부에 위치한 '전통적인 중국'(주, 정, 송, 위, 노)은 쇠약해지고 화하화된 동이(제, 월), 남만(초), 서융(진), 북적北狄(연)은 강대해졌다.

예외는 진晉나라였다.

진晉나라는 다섯 대국 중 유일하게 주나라처럼 성이 희姬인 나라로서 화하의 정통임을 자부했다. 그러나 백적, 적적과 접해 있던 진晉나라는 오랜 전란 속에서 '융적화戎狄化'를 면치 못했다. 심지어 건국 초에 이미 오랑캐의 풍습에 따라 토지를 분배하기도 했다.[9] 진晉나라도 사실상 '혼혈아'였던 것이다.

한때 '존왕양이尊王攘夷'(주나라 왕실을 숭상하고 오랑캐를 물리치다)의 기치를 올렸던 진晉나라는 하물며 춘추시대 말기에 이르러 삼진三晉, 즉 위魏나라, 조趙나라, 한韓나라로 분열되었다. 나중에 이 세 나라는 가장 먼저 진秦나라에게 멸망당했다. 이처럼 오랑캐화된 화하는 화하화된 오랑캐의 상대가 되지 못했다.

그렇다면 문화가 낙후될수록 더 희망이 있었던 것일까?

꼭 그렇지는 않았다.

사실 춘추시대의 다섯 대국 중 문화가 가장 낙후했던 곳은 진나라가 아니라 월나라였다. 그래서 월나라의 부상은 대단히 신속했다. 역사의 무대에 등장하여 오나라를 멸하기까지 겨우 21년이 걸렸다. 그

9 『좌전』 정공定公 4년에 따르면 진晉나라의 시조 당숙우唐叔虞는 "융족의 방식으로 땅을 나누었다疆以戎索"라고 한다. 다시 말해 주나라 법에 따라 농경지를 분배하지 않고 유목로를 기준으로 길을 구획하거나 융적의 풍습에 따라 방목지를 분배했다는 것이다.

러나 구천勾踐이 죽고 멸망하기까지 월나라는 줄곧 정체되어 아무런 활약도 보이지 못했다. 그들의 부상과 번영은 화하화된 또 다른 야만족 오나라와 마찬가지로 눈 깜짝할 사이에 끝나고 말았다.

오래 번영한 나라는 초나라였고 최후의 승리를 거둔 나라는 진秦나라였다. 진나라는 초나라를 멸했고 초나라는 월나라를 멸했다. 초나라가 월나라를 멸한 것은 상앙商鞅의 변법 후 얼마 지나지 않은 시점의 일이었다. 그것은 어떤 임계점이면서 분수령이기도 했다. 그 후로 초나라는 내리막길을 걷기 시작했지만 진나라는 번개처럼 질주하여 아무도 그들을 막아서지 못했다.

여기에는 혹시 어떤 비밀이 숨어 있지 않을까?

바로 그렇다.

진나라의 부상

진나라는 확실히 변법을 기점으로 부상하기 시작했지만 변법은 불가피한 압력에 의해 시행되었다.

이 점은 진 효공의 '구현령求賢令'에 잘 나타나 있다. 그는 "제후들이 진나라를 무시하니 이보다 더한 치욕은 없었다諸侯卑秦, 醜莫大焉"라고 했다. 그래서 누구든 "기이한 계책을 내놓아 진나라를 강하게 만들어주면出奇計強秦" "그 사람에게 땅을 나눠주겠다與之分土"고 약속했다.[10]

진나라는 정말로 제후들에게 무시를 당했을까?

그랬다. 예를 들어 기원전 632년의 성복대전城濮大戰에서 진나라는 참전국이면서 승전국이었다. 그런데 한 달 반 뒤에 열린 천토踐土 회맹에 패주霸主인 진晉나라와 동맹국인 제, 송, 그리고 중립국과 패전국인 노, 채, 정, 위衛, 진陳까지 다 모였는데도 진나라는 초대를 받지 못했다.[11]

10 『사기』「진본기」 참고.

11 『춘추에서 전국까지: 이중톈 중국사5』 참고.

그것은 이상한 일이 아니었다. 사실 주나라 천자가 이미 정식으로 진나라 군주를 제후로 책봉하기는 했지만 다른 제후들은 그것을 인정하지 않았다. 그들은 진나라를 동등한 자격으로 대해주려 하지 않았다. 그 결과, 진나라인은 '중국'의 회맹에 참가할 자격을 얻지 못했다. 그 당시 진나라의 군주였던 목공穆公도 마찬가지였다. 훗날 춘추오패 중 한 사람으로 추인을 받게 되는 진 목공은 당시에 마치 벼락부자 같은 취급을 받았을 것이다. 화하의 유서 깊은 정통의 제후들이 그런 '얼치기'를 인정해줄 리가 없었다.[12]

그것은 물론 차별 대우였다.

다행히 그런 차별 앞에서도 진나라인들은 의기소침해지거나 남 탓을 하지 않고 더욱 분발하여 강해지는 길을 택했다.

강해지기 위한 첫 번째 순서는 남에게 차별받는 원인을 찾는 것이었다.

그 원인은 두 가지였다.

첫 번째 원인은 낙후된 문화였다. 예를 들어 상앙의 변법이 있기 전까지 진나라 사람들은 삼대가 같은 방에서 기거했다. 그것은 당연히 유목 시대의 천막 거주 풍습에서 비롯된 것이었지만 남녀유별을 강조하는 화하 사람들이 보기에는 문명적이지 못했다.[13]

두 번째 원인은 정치적 혼란이었다. 기원전 425년(고대 그리스의 역사가 헤로도토스와 진晉나라의 대부 조양자趙襄子가 죽은 해이기도 하다)부터 40년

12 『사기』「진본기」에서는 상앙의 변법을 서술하면서 "진나라는 구석진 옹주에 있었기 때문에 중국의 제후들과 회맹하지 않았다. 그래서 오랑캐 취급을 받았다秦僻在雍州, 不與中國諸侯之會盟, 夷狄遇之"라고 했다.

13 『사기』「상군열전商君列傳」과 장인린張蔭麟의 『중국사강中國史綱』 참고.

간 진나라는 극도의 혼란을 겪었다. 한 명의 군주(회공懷公)가 핍박을 받아 자살하고 한 명의 태자(헌공獻公)가 자리를 잇지 못했으며 또 한 명의 군주(출공出公)는 자신의 어머니와 함께 피살되어 깊은 연못에 버려졌다. 결국 이런 혼란을 틈타 위 무후武侯는 진 목공에게 빼앗겼던 방대한 영토를 되찾았다.[14]

낙후된 문화는 물론 그들이 본래 야만족이었기 때문이다. 그리고 정치적 혼란은 귀족들의 전횡으로 군주가 대권을 잃었기 때문이다. 그래서 상앙의 변법은 군주의 전제정치와 중앙집권을 핵심으로 삼았다.

변법의 구체적인 내용에 관해서는 『춘추에서 전국까지: 이중톈 중국사5』에서 이미 이야기한 바 있다. 정리해보면 영주제를 폐지하고 지주제를 실시했고, 봉건제를 폐지하고 군현제를 실시했으며, 세습제를 폐지하고 임명제를 실시했다. 그래서 본래 귀족들에게 예속되어 있던 신민臣民들이 중앙 직속이 되어 모든 백성이 군주의 것이 되었고, 봉건제의 폐지로 공경대부의 식읍食邑이 군현으로 변해 모든 땅이 군주의 것이 되었으며, 대소 관리들이 전부 중앙에 의해 임명되어 모든 권력도 군주의 것이 되었다. 이처럼 땅, 백성, 권력이 모두 군주에게 집중되었다.

모든 것을 거머쥠으로써 군주에게는 '지휘봉'이 생겼다. 이 무소불위의 지휘봉은 오직 '군공軍功' 즉 전투에서 세운 공로만을 중시했다. 군공이 있으면 일개 농민도 제후에 봉해질 수 있었다. 반대로 군공이

14 『사기』「진본기」와 장인린의 『중국사강』 참고.

없으면 귀족도 체면이 깎였다. 그래서 진나라인들은 하나같이 "공적인 싸움에서는 용감해도 사적인 다툼은 피했다勇於公戰, 怯於私鬪." 다시 말해 군주를 위해 싸울 뿐 자기 자신을 위해서는 싸우지 않았고, 다른 나라 사람을 죽일 뿐 진나라 사람은 죽이지 않았으며, 높은 관직과 후한 봉록을 위해 사람을 죽일 뿐 작은 이익을 위해 사람을 죽이지는 않았다.[15]

그들은 일종의 살인기계가 아니었을까?

그렇게 볼 수도 있다. 진나라는 군공을 사람 머리로 계산했고 적을 한 명 죽일 때마다 작위가 한 등급씩 올라갔다. 그래서 자기 공이 아니어도 어디에서 적의 머리를 들고 오기만 하면 상을 신청할 수 있었다. 이런 '범과 이리의 나라虎狼之國'를 누가 대적할 수 있었겠는가?[16]

다른 여섯 나라가 패한 것은 당연한 일이었다.

확실히 상앙의 변법이 없었다면 진나라의 부상도 없었을 것이다. 그런데 문제는 군현제가 진나라에서 처음 시행된 것이 아니고 초나라, 진晋나라, 제나라에서 더 일찍 시행됐다는 데 있다. 변법도 진나라만 시도한 것이 아니다. 위魏나라의 이회李悝, 초나라의 오기吳起도 상앙보다 일렀다. 그렇다면 왜 진나라가 최후의 승리를 거둔 것일까?

아마도 문화적 원인 때문이었을 것이다.

한 나라와 민족에 대한 문화의 영향은 실로 헤아리기 어렵다. 그러나 대체적으로 말하면 문화가 너무 부족해도 안 되고 너무 풍부해도

15 『춘추에서 전국까지: 이중톈 중국사5』 참고.

16 상앙은 진나라의 작위를 20등급으로 나누었고 그중 가장 낮은 1등급부터 5등급은 사병에게 상으로 수여했다. 따라서 한 명을 죽일 때마다 작위를 1등급씩 높여주었다는 것은 5등급 내에서만 유효했다. 스무 명을 죽였다고 해서 최고 작위인 철후徹侯까지 올라가는 것은 아니었다.

문제가 된다. 월나라는 너무 부족해서 손해를 보았고 초나라, 송나라, 노나라는 너무 풍부해서 손해를 보았다. 송나라는 상나라를 계승한 유서 깊은 나라였고 노나라는 주공周公의 후예였다. 그리고 초나라는 운이 좋았다. 춘추시대에 주나라의 왕자 조朝가 반란을 일으켰다가 패했다. 그는 왕실의 수많은 서적과 보물을 챙기고 또 지식인과 기술자까지 데리고서 초나라로 도망쳤다. 그 결과, 본래 야만족의 나라였던 초나라는 화하문명의 세 번째 본거지가 되었다.

그래서 유가는 노나라에서, 묵가는 송나라에서, 도가는 초나라에서 생겨났다.

진나라에는 무엇이 있었을까?

아무것도 없었다.

아무것도 없으니 누군가 와서 보충을 해야 했다. 진나라의 이런 문화적 공백을 보충한 것은 법가였다. 법가는 지역성이 없었다. 누구든 큰돈만 내면 그들은 그를 위해 꾀를 내고 일을 꾸미고 목숨을 걸었다. 이회가 위나라의 재상이 되고 신불해申不害가 한나라의 재상이 되고 오기와 상앙이 각기 초나라와 진나라를 위해 일한 것은 전혀 이상한 일이 아니었다.

그러나 법가에게 가장 적합한 곳은 역시 진나라였다.

법가는 제자백가들 중에서도 별종에 속했다. 유가, 묵가, 도가는 전부 이상주의자이자 복고주의자였다. 도가는 태곳적을 동경했고 묵가는 우禹의 시대를 동경했으며 유가는 동주시대를 동경했다. 그런데 법가는 실용주의자이자 공리주의자였다. 그들은 현실과 직접 대면하여 미래를 계획했다. 그래서 도가는 천도를, 묵가는 제도帝道를, 유가는 왕도를, 법가는 패도覇道를 중시했다.

법가는 패도를 중시했고 진나라는 강해지고자 했으니 자연히 생각이 일치했다.

더구나 진나라의 풍습은 본래 사납고 단순했다. 전국시대가 되어서도 그들의 예술은 질항아리를 두드리며 노래를 부르는 게 고작이었다. 이것은 진나라인들이 화하문명에 의해 교화되지 않았음을 보여준다. 교화되지도 않고 또 순화되지도 않았으므로 생산도구와 살인무기로 훈련되기에 딱 알맞았다. 심지어 진나라의 인재 부족조차 장점이 되었다. 널리 온 천하에서 인재를 초빙해 중용한 결과, 귀족들에게 타격을 입히는 동시에 군권을 강화할 수 있었기 때문이다.

그래서 법가는 원대한 계획을 크게 펼쳤다. 사실 그들의 가장 강력한 카드는 군권 지상주의였고 수단은 후한 상과 엄한 형법이었다. 상이 후하면 용감한 병사가, 형법이 엄하면 선량한 백성이 있기 마련이었다. 상앙과 효공은 그런 채찍과 당근으로 어렵지 않게 진나라 전체를 일종의 농장과 군영으로 뒤바꿔놓았다. 온 나라의 위아래가 일치단결하여 법을 지키고 명령에 따랐다. 왕이 입을 열기만 하면 모두가 적을 향해 맹수처럼 달려들었다.

이렇게 무지막지한 나라를 저지할 수 있는 상대는 없었다.

역대로 화하의 제후들에게 그토록 얕보였던 진나라는 결국 이런 식으로 강대한 힘을 얻었다. 이제 그들이 해야 할 일은 화하문명에 수혈을 해주는 것이 아니라 아예 피를 바꿔주는 것이었다.

그 혁명은 진시황의 몫이었다.

1호 문건

혁명은 제나라의 멸망 후에 일어났다.

제나라는 가장 늦게 멸망했다. 한나라, 조나라, 위나라, 초나라, 연나라는 그 전에 이미 진나라의 군현으로 변했다. 제나라가 진나라의 판도에 편입된 이후, '중국'은 더 이상 여러 나라가 아니라 하나의 나라였다. 이것은 그 전까지는 없었던 일로서 곧 새로운 시대의 시작을 의미했다. 바로 이때 반포된 명령을 '1호 문건'이라 부르기로 하자.

1호 문건의 내용은 영정의 명칭이었다.

명칭은 확실히 중요하다. 공자의 말처럼 "명칭이 바르지 않으면 말이 통하지 않는다名不正, 言不順." 사실 영정이 자신의 명칭을 바꾸라고 한 것은 일리가 있었다. 왜냐하면 그의 성공은 확실히 "상고 이래로 일찍이 없었고 오제五帝조차 미치지 못한上古以來未嘗有, 五帝所不及" 것이었기 때문이다. 그가 예전처럼 계속 왕으로 불리는 것은 적절하지 않았다.

조정과 백성들 모두가 그의 명칭을 바꾸는 데 동의했다.

그러나 어떻게 바꿀지에 관해서는 여러 의견이 있었다.

신하들과 박사들은 '태황泰皇'으로 바꾸자고 했는데 그것은 불가피한 선택이었다. 그 전까지 군주의 최고 호칭이 왕과 제와 후后였기 때문이다. 하나라 때는 후, 상나라 때는 제, 주나라 때는 왕이라 칭했다. 하, 상, 주는 이미 다 과거사일 뿐인데 이제 와서 왕이나 제나 후를 또 쓸 수는 없지 않은가?

그렇다면 더 높은 명칭은 없었을까?

있었다. 바로 황皇이었다. 삼황(수인燧人, 복희伏羲, 신농神農인데 이들을 각기 천황天皇, 인황人皇, 지황地皇이라 부른다. 이 가운데 인황은 태황이라고도 한다)의 후예는 오제(황제, 전욱顓頊, 제곡帝嚳, 요堯, 순舜)이고 오제의 후예는 삼왕(하나라 우왕, 상나라 탕왕湯王, 주나라 문왕 혹은 무왕)이며 삼왕의 후예는 오패(제 환공桓公, 진晉 문공文公, 초 장왕莊王, 오왕 합려闔閭, 월왕 구천이며 여기에 따로 진秦 목공穆公과 송 양공襄公을 거론하는 이도 있다)이다. 오패는 삼왕보다 낮고 삼왕은 오제보다 낮으며 오제는 삼황보다 낮다. 이를 감안하면 가장 높은 명칭은 황인 것이다. 그리고 삼황 중에서도 태황이 가장 존귀하니 이것을 명칭으로 삼으면 영정도 만족할 것 같았다.

그러나 영정은 만족하지 않았다.

그 원인은 아마도 그가 과거의 모든 것을 우습게 생각했기 때문일 것이다. 그는 자신이 이룬 업적이 유사 이래로 가장 위대하다고 생각했다. 따라서 새로운 명칭은 상상력과 창조력의 산물이어야 했다.

결국에는 영정이 직접 '황제皇帝'라는 명칭을 고안해냈다.

이것은 복합어로서 '황'은 형용사이자 수식어, '제'는 명사이자 피수식어다. 그래서 황제는 '제'라고 약칭할 수 있다. 황제의 나라를 '제국', 황제 제도를 '제제帝制'라고 부르는 이유가 여기에 있다.

하지만 제는 상나라의 명칭인데 어떻게 또 쓴단 말인가?

사실 제의 본래 의미는 '창시자'이기 때문에 영정의 의중과 잘 맞아떨어졌다. 더구나 상나라 시대에 제는 군주 외에 천신을 가리키기도 했다. 천신은 상제上帝이고 군주는 하제下帝였다. 이처럼 인간과 신을 모두 가리키는 명칭이었으므로 영정은 당연히 흡족했다.

그래서 그는 '제' 자에 동그라미를 쳤다.

사실 상나라의 군주는 제라 칭하기도 하고 왕이라 칭하기도 했다. 예를 들어 주나라 무왕에게 패한 군주는 제신帝辛으로도 주왕紂王으로도 불렸다. 그런데 주나라 천자는 제의 칭호를 버리고 왕의 칭호만 택했다. 제는 하늘의 칭호이고 왕은 사람의 칭호이므로 하늘을 숭배하던 주나라인으로서는 감히 불경을 저지를 수 없었던 것이다.

영정은 그런 케케묵은 관념 따위는 상관하지 않았다. 왜냐하면 그로서는 더 이상 왕의 명칭을 쓸 수 없었기 때문이다. 왕은 결코 가장 존귀한 명칭이 아니었다. 맨 처음에는 조금 강력한 추장이면 다 왕이라 칭하여 부락왕이 되었다. 나중에는 조금 강력한 군주가 왕이라 칭하여 제후왕이 되었다. 일찍이 홀로 왕이라 칭했던 주나라 천자조차 지금의 영정에는 미치지 못했다.

역시 제라 칭할 수밖에 없었다. 하지만 하제라 칭할 수는 없고 반드시 황제라 칭해야 했다. 황은 본래 찬란하다는 뜻이어서 황제는 곧 '찬란한 대제大帝'이니 당연히 하제보다 나았다.

사실 황제라는 단어는 옛날에도 있었다. 염제炎帝와 나란히 이야기되는 황제黃帝는 본래 황제皇帝, 즉 '위대한 창시자'로 불렸다. 나중에 '황제皇帝'들이 많아져서 어쩔 수 없이 명칭이 '황제黃帝'로 바뀌었는데 그 뜻은 '천하에 황토의 덕을 구현한 위대한 창시자' 혹은 '중앙대제中央大帝'다.

황제가 중앙대제가 된 후, 나머지 위대한 창시자들도 동서남북 순서대로 각기 적제赤帝(불), 청제青帝(나무), 흑제黑帝(물), 백제白帝(쇠)가 되어 황제와 함께 '오제'로 합해졌다.

그런데 사물은 희소성이 있어야 귀한 법이다. 위대한 창시자가 다섯이 되자 아무래도 그 가치가 떨어질 수밖에 없었다. 여기에 등급을 또 하나 만들기 위해 형용사인 '황皇'이 명사로 바뀌었다. '삼황오제'의 체계는 이렇게 해서 성립되었다.[17]

영정이 이런 역사를 조사한 적이 있는지는 알 수 없다. 다만 당시에 그는 자신의 업적이 오제보다 높다고 자부하긴 했지만 그렇다고 삼황에 견주는 것은 조금 낯 뜨거워서 그 두 가지 사이에 낀 '황제'를

17 『선조: 이중톈 중국사1』 참고.

발명했을 것이다.

황제는 황과 제였고 황이면서 제이기도 했다.

그런데 이렇게 되면서 황이 형용사에서 명사로 고정되었고 심지어 황제의 대명사가 돼버렸다. 나중에는 '제'보다 더 빈번하게 사용되었는데 황가, 황족, 황실, 황궁, 황조皇朝, 황위, 황포皇袍, 황권 등이 그 예다.

영정은 이 점까지는 생각지 못했을 것이다.

그는 '시황제始皇帝'인 자신의 후대가 겨우 2대에서 끝나리라는 것도 당연히 생각지 못했을 것이다. 그의 제국은 순식간에 무너지고 말았다. 마찬가지로 의미심장한 것은 진나라가 2대 만에 망했는데도 이 황제라는 명칭은 계속 이어져서 아무도 바꾸자고 주장하지 않았다는 사실이다.

이렇게 보면 영정의 '1호 문건'이 얼마나 중대한 의미가 있었는지 알 수 있다.

겉에서 볼 때 영정이 왕에서 황제로 명칭을 바꾼 것은 단지 자신의 허영심을 만족시키기 위한 조치로 보인다. 고대 로마의 승리자가 개선문을 세운 것처럼 자신의 성공을 과시하고 후대에 전하기 위한 명칭이 필요했다는 것이다. 하지만 그렇게 단순한 일이었다면 후대의 개국 군주들은 왜 그의 예를 본받아 황제를 다른 명칭으로 바꾸지 않았을까?

그럴 필요가 없었기 때문이다.

그러면 영정이 명칭을 바꾼 것은 그럴 필요가 있었기 때문일까?

그렇다. 반드시 그래야만 했다.

사실 진왕 영정이 한, 조, 위, 초, 연, 제를 수중에 넣었을 때 천하와 진나라는 모두 변했다. 그 전까지는 방국들이 즐비했지만 이제는 오직 진나라밖에 없었다. 따라서 진나라는 과거에 여러 방국들 중 하나였을 때는 왕국이라 불렸지만 유일한 나라가 된 지금은 다른 명칭으로 불려야 했다.

그 명칭은 바로 제국이었다.

그것은 물론 대변혁이었다.

성질이 변하면 명칭도 변해야 한다. 백국伯國의 원수는 백, 후국侯國의 원수는 후, 공국公國의 원수는 공, 왕국의 원수는 왕이다. 그러면 제국의 원수는 무엇일까? 당연히 황제여야 한다.

황제와 제국은 혼연일체였다.

그러나 지금 보면 당연해 보이는 이 일은 영정이 시황제라 칭한 직후뿐만 아니라 그 후에도 많은 논란을 일으켰다.

봉건제에 반대하다

논란은 수구파에 의해 시작되었다.

수구파의 대표자는 승상 왕관王綰이었다. 왕관 등은 영정의 칭제에는 반대하지 않았지만 왕국을 제국으로 바꾸는 것에는 반대했다. 그들은 아마도 명칭은 작은 일이고 나라의 정체성은 큰일이라고 보았던 것 같다. 그래서 영정이 스스로 황제라 칭하는 것에는 함께 기뻐했다. 하지만 왕국을 제국으로 바꾸는 것에는 논쟁을 걸지 않을 수 없었다.

그렇다면 무엇이 왕국이고 무엇이 제국일까? 제국은 왕국과 어떠한 근본적인 차이가 있을까?

왕국은 두 종류가 있었다. 하나는 전국시대식 왕국이고 다른 하나는 서주식 왕국이었다. 전국시대식 왕국(한, 조, 위, 초, 연, 제, 진)은 상호독립적인 주권국가였다. 이런 왕국 제도는 왕관 등도 바라지 않았다. 그들이 바란 것은 사실 서주의 국가제도 즉 '주제周制'였다.

주제는 무엇일까?

하나의 왕국과 수많은 후국侯國이다.

후국과 왕국은 서로 어떤 관계일까?

왕국은 후국의 종주국이고 후국은 왕국에게서 봉토를 받아 이뤄진 나라다. 다시 말해 천하는 명분상 왕국의 것이어서 "온 천하가 왕의 땅이고 온 천하 사람은 왕의 신하다普天之下, 莫非王土, 率土之濱, 王臣." 그러나 실제로 왕국은 천하를 갈라 각 후국들에게 봉토로 나눠주었다.

봉토를 나눠준 방법을 구체적으로 보면 우선 영지를 갈라준 뒤, 그 경계선에 도랑을 파고 거기에서 나온 흙을 도랑 양쪽에 쌓았다. 그리고 그 흙더미 위에 나무를 심었다. 이런 일련의 행위를 '봉封'이라고 했으며 다른 말로 봉강封疆, 봉토封土, 봉방封邦이라고도 했다.

그러면 왜 봉국封國이라고는 안 했을까?

왜냐하면 방邦과 국은 다르기 때문이었다. 국은 국도國都 즉 도시였다. 방은 여기에 주변의 농촌까지 합친 개념이었다. 그래서 당시의 나라들은 방국 혹은 방이라 불렸다. 나중에 한나라 고조高祖 유방劉邦의 이름과 겹치는 걸 피하기 위해 방은 국으로 고쳐졌고 그제야 '국가'라는 단어가 생겼다.

방국도 두 종류가 있었다. 하나의 도시에 주변의 농촌이 더해진 것은 '도시국가'였다. 그리고 중심 도시에 다른 도시들과 주변 농촌이 더해진 것은 '영토국가'였다. 인류의 가장 오래된 국가 형태는 도시국가였다. 이것이 영토국가로 변한 것은 이미 상당한 발전이 이뤄졌음을 의미한다.

사실 서주 초기, 주 왕국을 제외한 다른 방국들은 모두 도시국가였다. 춘추시대의 수많은 소국도 마찬가지였다. 하지만 진晉나라, 제나라, 초나라 같은 대국들은 모두 영토국가였다. 그들의 영토 범위는 과거에 주나라 천자에게서 받은 봉토를 훨씬 넘어섰다. 물론 이것은 나중 일이었다.

봉방 즉 봉토를 나눠받은 다음에는 '건국建國'을 했다.

건국은 도시를 세우는 것이 아니라 군주를 정하는 것이었다. 군주는 다 세습이었고 처음 봉해진 군주는 대부분 주나라 왕의 형제(예컨대 위나라에 봉해진 무왕의 동생)나 아들, 조카(예컨대 노나라에 봉해진 주공의 아들)였고 그다음에는 인척(예컨대 제나라에 봉해진 강태공)과 공신(예컨대 연나라에 봉해진 소공 석) 그리고 동맹국과 패전국과 속국의 수령(예컨대 초나라, 송나라, 진나라, 기杞나라)이었다.

방국의 군주들은 공公, 후侯, 백伯, 자子, 남男으로 나뉘었다. 하지만 이런 작위 제도는 아마도 나중에 수립된 듯하고 보통은 일괄적으로 후라고 불렸다(야만국의 군주는 자로 불렸다). 그래서 제후諸侯('諸'는 많다는 뜻이다)라는 말이 생겼다. 그들의 방국은 후국이라 불렸다.

왕국과 후국은 군신관계였다. 하지만 그 군신관계는 명목적인 것이었다. 주 천자는 제후들이 자신을 천하의 주인으로 인정해주고 상징적인 의무를 지기만 하면(예를 들어 초나라의 의무는 제사 때 쓰이는 여과용 띠풀을 진상하는 것이었다) 기본적으로 후국들의 일에는 관여치 않았다. 각국의 제후들은 다 '독립법인'이었고 그들의 방국도 '독립채산제'였다.

확실히 그들은 국가연맹 혹은 연방이었다. 그러나 연방의 각 회원국은 평등하지만 그들은 불평등했다. 최고 권위를 가진 주나라와 그 군주만이 각기 왕국과 천자라 칭할 수 있었다.

이것이 바로 주제이고 다른 말로 하면 '방국제도'다.

방국제도의 핵심은 앞에서 말한 봉방과 건국으로서 이 두 가지의 약칭이 곧 '봉건'이다.

그것은 동사였다. 왕국과 제국 혹은 방국제도와 제국제도의 구분은 이 행위를 바라느냐 바라지 않느냐에 있었다.

왕관 등은 그것을 바랐다.

1호 문건의 문제가 해결된 뒤, 왕관 등은 황제에게 상소문을 올려 봉방과 건국을 시행하여 황자皇子들을 왕으로 세울 것을 건의했다. 진시황은 이를 안건으로 삼아 신하들에게 논의하게 했는데 모두가 찬성을 표했다.

그것은 이상한 일이 아니었다. 왕관 등이 말한 대로 당시 천하는 막 평정되어 민심이 불안한 상태였다. 더욱이 여섯 나라의 잔여 세력이 아직 남아 있는데도 중앙정부의 힘이 미치지 않아 또다시 동란이 일어날 가능성도 있었다. 따라서 믿을 만한 방책은 서주의 봉건제를 본받아 황제의 자식들을 군주에 봉하여 새로운 정권을 위해 불순분자들을 누르고 일종의 방화벽을 세우게 하는 것이었다.

확실히 일리 있는 의견이긴 했다. 그래서 이 의견이 제시되자마자 모든 신하가 옳다고 생각한 것이다.

하지만 그럼으로써 진나라는 기로에 섰다. 왜냐하면 왕관 등의 의견을 받아들이는 것은 곧 서주시대로, 다시 말해 방국제도로 회귀하는 것을 의미하기 때문이었다. 그러나 상앙의 변법 이후 진나라는 그 제도를 개혁하고 뒤집는 데 총력을 기울여왔다. 그 덕분에 그들은 치열한 경쟁을 뚫고 두각을 드러낼 수 있었다. 따라서 또다시 서주의 제도를 채택하는 것은 하룻밤 사이에 옛 사회로 돌아가는 것이나 다름없었다.

주나라의 옛 제도를 이어받아야 할까, 자신들의 새 제도를 고수해야 할까, 아니면 더 새로운 제도를 수립해야 할까? 이것은 막 황제라고 칭한 진시황에게 그야말로 '생사의 결단'이었다.

다행히 누군가 반대를 하고 나섰다.

그 사람의 이름은 이사李斯였다. 이사가 반대한 이유와 그 득실은 훗날 커다란 논쟁거리가 되었는데 이에 대해서는 뒤에서 논의할 것이다. 어쨌든 중요한 것은 이사의 반대가 성공했다는 사실이다. 당연히 그것은 진시황이 찬성표를 던져주었기 때문이다.

그것은 대단히 중요한 한 표였다.

이때부터 봉건제는 그 명맥이 끊어졌다. 이후의 역대 왕조들도 왕후를 봉하기는 했지만 왕후는 그저 명예로운 호칭이 돼버렸다. 새로운 왕후들은 자신들의 영지에 대한 통치권도, 주권도, 나아가 재산권도 갖지 못했다. 중국 사회는 다시는 봉건시대로 돌아가지 못했다.

봉건사회로 돌아가지 못한 것이 좋은 일인지 나쁜 일인지, 복인지 화인지는 이 중국사의 마지막 권에 가서야 대답할 수 있을 것이다. 지금의 문제는 봉건제가 아니면 무엇을 택했느냐는 것이다.

바로 군현제郡縣制다.

봉건 제후를 세우자는 왕관 등의 건의를 묵살한 뒤, 진시황은 천하를 36개의 군으로 나누고 군 아래에 현을 세웠다. 군의 장관은 군수郡守, 현의 장관은 현령縣令이고 각기 부직副職과 소속 관리들을 거느렸다. 이것이 바로 군현제다.

군현제와 봉건제는 또 어떤 차이가 있을까?

진나라의 군현제와 주나라의 봉건제는 한 가지 공통된 특징이 있다. 둘 다 3등급으로 나뉜다. 주나라는 천하, 국, 가이고 진은 천하, 군, 현이다. 사실 진나라의 군과 현은 주나라의 국과 가가 변화된 것이며 심지어 국과 가가 없어진 자리에 대체된 것이다. 그러나 군현과 국가는 현격한 차이가 있다.

주나라의 국과 가는 봉건의 결과였다. 천자가 제후를 봉하고 세우게 한 것이 국이고 제후가 대부를 봉하고 세우게 한 것이 가였다. 가는 대부의 것이고 국은 제후의 것이었다. 제후와 대부는 국과 가의 주인이었다. 그들은 재산권뿐만 아니라 통치권도 가졌다. 그래서 그들은 군주였다. 제후는 국군, 대부는 가군이었다.

그런데 군수와 현령은 주인이 아니라 하인이었다. 춘추전국시대에 그들은 국군의 하인이었고 진한秦漢 이후에 그들은 황제의 하인이었다. 군과 현은 모두 그들의 것이 아니라 국군이나 황제의 것이었다. 그들은 군현과 관련해 당연히 재산권도 통치권도 없었다. 단지 '대리권'만 있었다. 그들은 국군이나 황제에 의해 임명되고 파견되어 국군이나 황제를 대신해 군현을 관리했다.

그래서 군수와 현령은 작위가 없고 직위만 있었다. 그들의 직위는 또한 제후와 대부의 작위처럼 세습되기는커녕 파면과 이동이 가능했다. 다시 말해 제후와 대부는 국과 가의 주인이었지만 군수와 현령은 군권의 대리자에 불과했다.

그것은 '관리의 대리'일 뿐이었다.

관리의 대리는 '중앙집권'의 결과였다. 관리는 사방에 있었지만 권한은 중앙에 있었다. 이런 권력의 집중은 봉건제와 무관했다. 봉건제는 본질적으로 분권제였다. 그래서 일단 전국이 군현이 되자 방국은 필연적으로 제국으로 바뀌었다. 그 대표자의 직함이 국왕인지 황제인지는 사실 중요치 않다. 다만 영정의 칭제와 군현의 설치가 공교롭게도 함께 추진되었을 뿐이다.

진나라는 자연히 제국이 되었다.

제국으로 변신한 진나라는 나라 안을 군현으로 재편하고 법령을 정비했다. 그러고서 진시황은 득의양양하게 통일의 대업을 개시했다.

통일

통일은 진시황의 칭제 이후에 시작되었다.

이 말은 조금 이상하다. 그는 이미 한, 조, 위, 초, 연, 제를 진나라에 병합하지 않았던가? 설마 그것이 중국의 통일이 아니라는 말인가?

당연히 아니다.

'통일'이란 무엇인가? 통일은 분열과 상대되는 개념이다. 예를 들어 진晉나라가 조나라, 위나라, 한나라로 갈라진 것이 분열이다. 만약 세 나라가 다시 진나라가 되었다면 그것이 통일이다. 후한 이후의 서진西晉도 그러하다. 그 전의 후한이 하나였기 때문이다. 후한이 위나라, 촉나라, 오나라가 된 것은 분열이었으므로 서진의 건국은 당연히 통일이었다.

진나라는 그렇지 않았다. 그 전의 주나라가 통일국가가 아니라 국가연맹이었기 때문이다. 그 연맹에 속한 나라들은 서주시대에는 독립적인 통치권을, 춘추시대에는 반독립적 주권을, 전국시대에는 완전히 독립적인 주권을 가졌다. 이처럼 그들은 본래 독립적이었으므로 분열과는 무관했다.

분열이 없으면 통일도 없다.

미국을 예로 들어보자. 가장 먼저 아메리카합중국을 구성한 13개 주는 본래 독립적이었다. 1776년 식민지Colonies에서 주States로의 전환을 선포했을 때 그들은 각기 자신들의 헌법과 법률 그리고 선거를 통해 조직된 "주권, 자유, 독립"의 정부를 소유했으며 각 주 간의 관계는 완전히 평등했다. 이것을 어떻게 '분열 상태'로 볼 수 있겠는가?

그래서 그들이 끝내 하나의 국가를 이룬 것은 '연합'이지 '통일'이 아니었다. 그들의 국호인 'United States' 역시 정확히 번역하면 '합중국' 즉 '여러 주가 합쳐져 만들어진 국가'다.[18]

이런 까닭에 아무도 "워싱턴이 미국을 통일했다"고 말하지 않는다.

마찬가지로 "진시황이 중국을 통일했다"고 말하면 안 된다.

그러면 통일 대신 어떤 말을 써야 할까?

겸병兼併이 옳다.

진나라가 천하를 겸병했다거나 여섯 나라를 멸했다고 해야 한다.

이것은 사실 옛사람들의 견해이기도 하다. 중국의 고서들은 이 시기의 역사를 언급할 때 보통 '병併'이나 '겸兼'이나 '병겸併兼'이라는 말을

18 졸저『필라델피아의 풍운: 미국 헌법의 탄생과 우리의 성찰費城風雲: 美國憲法的誕生和我們的反思』참고.

쓸 뿐 '통일統一'이라는 말은 쓰지 않았다.[19]

그런데 겸병이 이뤄진 뒤, 본래 방국들이 난립했던 '중국'은 하나의 국가가 되었을 뿐더러 그 국가는 '중앙집권'의 성격을 띠었다. 바로 이때 통일의 추진은 이치적으로든 상황적으로든 실천 가능한 것이 되었다.

그렇다. 천하통일은 제국이 필요로 하는 것이었다.

방국은 통일이 필요하지 않았을까? 필요하지 않았다. 방국의 특징은, 세 등급(천하, 국, 가)이 존재하면서 각기 권한을 나눠 가지고 제 할 일을 하며 다원적으로 공존하는 것이었다. 모두가 여럿 중의 하나일 뿐 누구도 유일한 존재가 아니었다. 그래서 혹시 통일이 요청되어도 누가 통일을 할지 마땅치가 않았다.

그래서 방국들은 '동일同一'을 추구할 뿐 '통일'은 추구하지 않았다. 이른바 '동일'이란 또한 '인정'일 뿐이었다. 예컨대 주나라 천자가 천하의 주인이고 화하문명이 선진적인 문화라는 것에 대한 인정에 지나지 않았다.

동일함 즉 같은 것을 추구할 때는 다른 것을 잠시 관용해야 한다. 제나라 동쪽 사람들은 "믿을 수 없는 말野語"을 하고, 초나라인은 "알아듣기 힘든 말鴂舌"을 하고, 오나라인은 "머리를 밀고서 문신을 하고斷髮文身", 월나라인은 "신발 없이 맨발로 돌아다녔지만徒跣不履" 아무도 그들에게 통일을 강요하지 않았다.

그것은 춘추시대였다. 전국시대가 되어서는 천하의 주인이 사라지

19 『사기』「진시황본기」에서는 "진나라가 최초로 천하를 병탄했다秦初倂天下"고 했고 『한서』「백관공경표百官公卿表」에서는 "진나라가 천하를 겸병했다秦兼天下"고 했으며 출토 문물인 '진시황동방승명문秦始皇銅方升銘文'에서는 "26년에 황제가 천하의 제후들을 전부 병겸했다二十六年, 皇帝盡倂兼天下諸侯"고 했다.

고 모두가 독립 왕국이 되어 각자의 길을 걸었다. 그래서 "밭은 크기가 다르고, 차도는 너비가 다르고, 법률은 규정이 다르고, 의복은 양식이 다르고, 말은 발음이 다르고, 글자는 모양이 달랐다田疇異畝, 車塗異軌, 律文異法, 衣冠異制, 言語異聲, 文字異形."[20] 심지어 '조서鳥書'와 '과두문蝌蚪文'이 등장하기까지 했다.

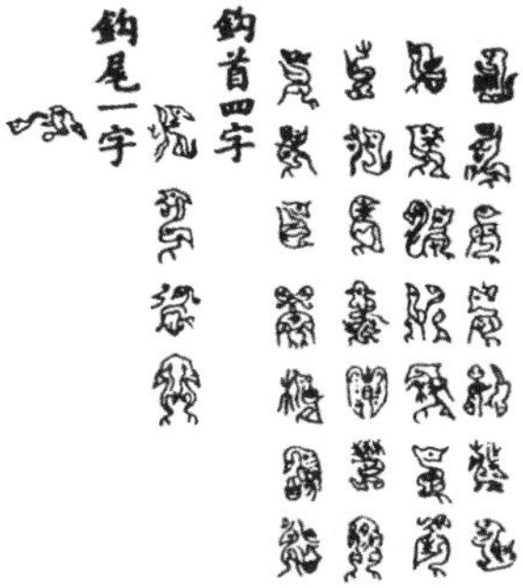

조서鳥書. 리쉐친李學勤, 『동주와 진나라의 문명東周與秦代文明』, 282쪽에서 인용.

과두문蝌蚪文. 「허우마맹서侯馬盟書」(1965년 산시山西 성 허우마의 진晉나라 유적에서 출토된, 서약의 내용이 담긴 대량의 옥돌 조각)의 모사본.

화폐도 제각각이었다. 대체적으로 주나라, 조나라, 위나라, 한나라는 포폐布幣(포목으로 만든 화폐)를, 연나라와 제나라는 도폐刀幣를, 초나
051 라는 동패銅貝(바다 조개를 모방해 구리로 만든 화폐)와 금폐金幣를, 그리고 진

20 허신許愼, 『설문해자說文解字』

나라는 환전圜錢(둥근 엽전)을 사용했다. 더구나 똑같이 도폐나 포폐를 쓰더라도 형태와 중량이 달라서 환산하기가 무척 번거로웠다.[21]

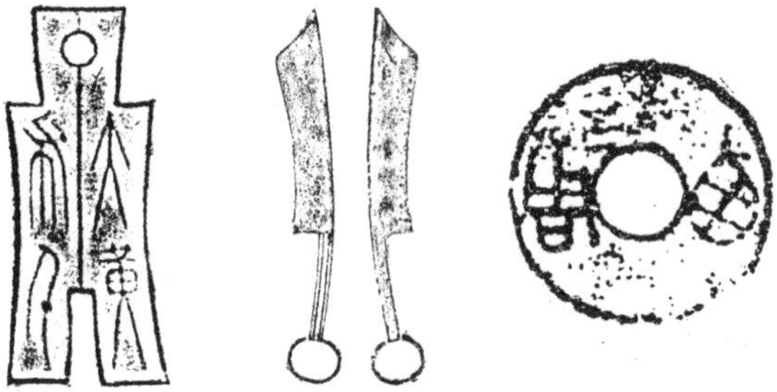

포폐布幣 도폐刀幣 환전圜錢

중앙집권의 대제국으로서는 당연히 이런 상태를 용인할 수 없었다. 제국에는 전국의 군현으로의 재편뿐만 아니라 법령의 통일도 필수적이었기 때문이다. 만약 문자와 화폐 등이 통일되어 있지 않다면 황제의 조서를 일일이 갖가지 글자로 옮겨야 하고 국고에도 포폐를 넣어야 할지 도폐를 넣어야 할지 골치가 아플 것이다.

그래서 진시황은 전국에 칙령을 내려 화폐, 도량형, 토지의 단위(좌우 240걸음이 1무畝), 수레의 좌우 바퀴 간 거리(수레 너비가 6자) 등을 통일하라고 명했다. 이것은 일찍이 공자도 바라던 것인데 예컨대 『예기』 「중용」에서 "수레는 궤폭이 같고, 글씨는 문자가 같으며, 행동은 윤리

21 리쉐친李學勤의 『동주와 진나라의 문명東周與秦代文明』 참고.

가 같아야 한다車同軌, 書同文, 行同倫"고 주장했다.

그러나 가장 중요했던 것은 역시 문자의 통일이었다.

그 통일 방법은 이체자의 제거와 간체자의 보급이었다. 이를 위해 그들은 먼저 자신들의 전통을 고치는 것도 서슴지 않았다. 진나라는 본래 주나라의 옛 영토여서 서주의 금문金文에서 파생된 주문籒文을 사용했다. 주문은 다른 말로 대전大篆이라고 불렸다. 대전은 형태가 복잡해서 진시황이 이사를 시켜 간결하게 만들게 했는데 이를 소전小篆 또는 진전秦篆이라고 한다. 그리고 나중에 정막程邈이 이것을 더 간략화하여 진예秦隸를 만들었다. 이 서체는 말단관리와 백성들도 알아볼 수 있어서('예隸'는 문서를 관장하는 말단 관리를 뜻한다) '예서隸書'라고도 불렸다.

대전大篆

진전秦篆

진예秦隸

 그것은 실로 엄청나게 의미 있는 일이었다. 문화의 보급을 넘어 문명을 전달하는 기능을 했다. 실제로 중국의 문명이 3000년간 중단되지 않은 데에는 무엇보다도 문자의 공이 컸다. 갑골문에서 금문으로, 대전에서 진전으로, 그리고 전서에서 예서로 명맥이 이어지면서 상나라 문화는 주나라 문화로, 주나라 문화는 진나라 문화로, 진나라 문화는 한나라 문화로 이어졌다. 이처럼 옛것을 새롭게 계승한 것이 바로 진시황의 문자 통일이었다.

문자를 통일한 결과, 더욱 강대한 민족이 탄생했다. 그 민족은 한漢이었다. 한족은 하夏 민족의 업그레이드판이었다. 그들의 형성은 사실 진나라에서 비롯되었다. 실제로 진 제국이 2대 만에 망하고 양한兩漢이 무려 400년 넘게 이어지지 않았다면 한어, 한자, 한족은 틀림없이 진어, 진자, 진족으로 불렸을 것이다.

위와 같이 진시황의 3대 혁명은 황제라 칭한 것과 봉건제에 반대한 것 그리고 통일이었다. 그 결과로 제국제도가 방국제도를 대체하여 2000년 넘게 유지되며 엄청난 영향을 끼쳤다. 그 정치적 의미와 역사적 지위는 오직 서주의 봉건제 실시와 신해혁명만이 비교될 수 있다.

그러나 혁명은 한바탕 잔치가 아니다. 모든 혁명에는 대가가 따르기 마련이다. 고대사회에서는 심각한 혁명이 발생하면 심지어 사람이 제물로 바쳐지기도 했다. 그것은 피할 수 없는 비극이었다.

역사는 또다시 혼란기로 진입했다.

진시황의 혁명이 있은 지 20년 뒤, 진나라에 반대하는 운동이 천하를 뒤덮었고 진 제국은 속절없이 해체되었다. 진시황은 이런 일이 일어날 것이라고는 꿈에도 생각지 못했을 것이다. 그가 더더욱 예상치 못했던 것은, 제일 먼저 반기를 든 자가 그가 내심 경계하던 여섯 나라의 귀족과 유신이 아니라 하찮은 인물이었다는 사실이다.

그 하찮은 인물은 바로 진승이었다.

진승과 오광은 900명의 수졸 중에서 가장 똑똑한 자들이었다.
그들은 앉아서 죽음을 기다리려 하지 않았다.

제2장

진승의 반란

쇠그물 제국

분서갱유

대택향

진승왕

진나라는 망할 만했다

왜 초나라였나

쇠그물 제국

철통같던 진 제국은 어떤 의미에서는 진승과 오광에 의해 무너졌다. 물론 진승과 오광의 반란군은 장한章邯의 정부군에 의해 곧 진압되었고 그들의 '장초국張楚國'도 겨우 6개월 만에 사라졌다. 하지만 앞에 진승과 오광이 없었다면 뒤의 항우와 유방도 없었을 것이고 진 제국도 겨우 2대 만에 망하지는 않았을 것이다.

이 점은 의심의 여지가 없다.

원대한 계략의 소유자였던 진시황이 정말로 자신의 왕조가 영원히 이어질 것이라고 생각했느냐는 것은 의심해볼 여지가 있다. 제국이 맞닥뜨릴지도 모르는 도전과 위험에 대해 그는 사전에 전혀 경각심이 없었을까?

당연히 있었다.

천하를 통일한 뒤에도 진시황은 결코 승리감에 도취되지 않았다.

정반대로 자신의 혁명적인 성과를 공고히 다지기 위해 머리를 쥐어 짰다.

그 결과, 진시황은 여러 가지 훌륭한 일을 해냈다.

그중 가장 중요한 일은 물론 봉건제를 폐지하고 군현제를 실시한 것이었다. 사실 봉건제와 군현제를 둘러싼 당시의 논쟁에서 양쪽은 모두 국가의 안전과 정권의 안정을 목표로 삼았다. 단지 왕관 등은 제후들에게 분봉을 해야 나라를 지킬 수 있다고 생각했고 진시황과 이사는 정반대로 생각했다.

그런데 이에 대한 진시황의 인식은 이사보다도 한수 위였다.

이사는 봉건제가 결코 안전하지 않다고 판단했다. 그는 말하길, "주나라 왕이 분봉한 제후들이 도처에 얼마나 많았는가? 그런데 그들이 천자를 보위했는가? 그렇지 않았다. 서로 원수 사이가 되어 치열하게 싸움만 벌이고 주나라 천자는 중재자 역할도 하지 못했다. 그렇다면 봉건 제후는 안정의 수호자인가, 파괴자인가?"라고 했다.

진시황의 생각은 더 심오했다. 그는 아예 제후라는 존재 자체가 '불안정 요소'라고 판단했다. 그는 말하길, "천하에 전쟁이 끊이지 않는 건 제후가 있기 때문이다. 제후가 있으면 천하가 전쟁터가 된다. 모두가 일인자 자리를 다투는데 싸움이 안 생길 리가 있겠는가? 봉건제의 회복은 전쟁을 부추기는 것이나 다름없다"[1]라고 했다.

군현제를 실시해야 제국을 오랫동안 안정적으로 다스릴 수 있다는

1 『사기』「진시황본기」 참고.

것이 결론이었다.

역사는 진시황이 옳았음을 증명했다.

실제로 진 제국이 멸망하자마자 봉건제도는 항우에 의해 회복되었다. 그는 한꺼번에 18명의 제후왕을 봉했다. 그 결과는 어땠을까? 불행히도 진시황의 우려가 들어맞았다. 다시 전쟁이 시작되었고 마지막으로 항우를 멸한 자는 그가 한중漢中에 봉한 유방이었다.

이어서 유방도 하마터면 똑같은 전철을 밟을 뻔했다.

황제가 된 후 유방도 마찬가지로 "봉건제냐 군현제냐"의 갈등을 겪었다. 그러다가 어쩔 수 없이 절충을 택하여 천자 직할의 수도 부근 지역에는 군현을 설치하고 그 밖의 지역에는 왕후를 봉했다. 이것이 바로 군현과 분봉을 병행한 '군국제郡國制'다.

확실히 그것은 정치적 흥정과 타협의 산물이었다. 그 결과는 이성異姓 왕과 동성同姓 왕의 반란이었다. 기원전 201년 한왕韓王 신信이 반란을 일으켰다. 이에 한 고조는 친히 정벌에 나섰다가 평성平城에서 일주일이나 포위당하는 낭패를 겪었다. 기원전 195년에는 회남왕淮南王 영포英布가 반란을 일으켰다. 이번에도 한 고조는 정벌에 나섰지만 날아온 화살에 맞아 치명상을 입었다. 유방은 재위 기간 내내 반란을 진압하느라 세월을 다 보냈다.

그 후의 혜제惠帝 유영劉盈, 문제文帝 유항劉恒, 경제景帝 유계劉啓도 하나같이 반란에 시달렸다. 처음에는 유방의 아내인 여후呂后의 일족이 왕후가 되어 국정을 농단했고 그다음에는 일곱 나라의 반란이 있었다. 한나라 조정은 전력을 다해 강온 정책을 병행하다가 한 무제 원봉元封 5년이 되어서야 겨우 수습을 마쳤다(자세한 내용은『한 무제의 제국: 이중톈 중국사8』참고).

확실히 봉건제는 '전쟁의 근원'임이 분명했다.

그와 정반대로 군현제는 자신의 우월함을 빠르게 드러냈다. 일찍이 유종원柳宗元은 "진나라 말 천하에 대란이 일어났지만 반란을 일으킨 백성은 있어도 반란을 일으킨 관리는 없었다秦末天下大亂, 有叛人而無叛吏"라고 결론을 내린 바 있다. 한나라 초의 대란에서도 반란을 일으킨 봉국封國은 있어도 반란을 일으킨 군현은 없었으며, 당나라 중기의 대란에서도 반란을 일으킨 장군은 있어도 반란을 일으킨 지방정부는 없었다. 유종원은 이것이 군현제의 장점이라고 생각했다.

그래서 그는 "주현州縣의 설립은 진실로 고쳐서는 안 된다州縣之設, 固不可革也"[2]라고 하여, 봉건제는 회복시키면 안 되고 군현제는 폐지해서는 안 된다고 결론지었다.

아마도 그것이 맞을 것이다, 아마도.

사실 봉건제와 군현제 중 어느 것이 낫고 못한지는 논의할 만한 문제이자 오랫동안 논쟁을 거친 문제이기도 하다. 그리고 각자의 입장에 따라 결론도 달랐다. 하지만 진나라가 멸망한 것은 절대로 군현제를 실시했기 때문이 아니었다. 정반대로 그 제도는 진 제국에게 유리

2 유종원의「봉건론」참고.

했다.

그러면 진나라의 군현제를 살펴보기로 하자.

군현제에 따라 제국은 더 이상 제후에게 분봉되지 않고 중앙과 지방으로 나뉘었다. 중앙에는 국가의 원수인 황제와 정부의 수뇌인 재상이 있었다. 재상은 승상丞相, 태위太尉, 어사대부御史大夫를 포괄하는데 이들을 '삼공三公'이라 불렀다. 삼공 밑의 '구경九卿'은 오늘날 정부의 장관에 해당했다.

지방은 군과 현으로 나뉘었다. 현은 군에 예속되고 군은 중앙에 예속되었다. 군의 장관은 군수이고 현의 장관은 큰 현일 경우에는 현령, 작은 현일 경우에는 현위縣尉였다.

현 아래는 향鄕이고 향의 책임자는 삼로三老였으며 향 아래는 정亭이고 정의 책임자는 정장亭長이었다. 그리고 정 아래는 이里이고 이의 책임자는 괴魁였으며 이 아래는 열 가구를 묶은 십什과 다섯 가구를 묶은 오伍였다.

확실히 진나라의 군현제는 위에서 아래로의 수직 구조였다. 중앙정부는 군을 관리하고, 군은 현을 관리하고, 현은 향을 관리하고, 향은 정을 관리하고, 정은 이를 관리하고, 이 아래로는 또 십과 오가 있었다. 그리고 최정점에는 황제가, 최하층에는 평민이 있었다.

그것은 물샐틈없이 빽빽한 쇠그물이었다.

그것은 또한 컴퓨터처럼 프로그램을 설정하면 자동으로 돌아가는 통치기계이기도 했다. 이 기계는 황제가 조종했다. 황제가 메인 스위치를 누르기만 하면 제국은 초대형 유람선처럼 앞으로 나아갔다.

이처럼 진나라는 마치 타이타닉호 같았다.

지금으로서는 그 기계의 장치와 운행 상황을 정확히 알기 어렵다. 하지만 그 기계가 복잡하면서도 주도면밀하게 설계되었다는 것만은 확실하다. 전체 시스템에서 가장 핵심적인 연결점은 현이었다. 현을 비롯한 위의 세 등급 즉 중앙, 군, 현에는 관官을 배치하고 현 아래의 세 등급 즉 향, 정, 이에는 이吏를 배치했다. 관은 일명 '유관流官'으로서 중앙에 의해 임명되고 파견되었다. 또한 이는 '향신鄕紳'으로서 해당 지역에서 재산이나 덕행이 많은 사람이 담당했다. 군과 현의 장관은 외지인인 데다 교체가 가능해서 제후로 바뀔 염려가 없었다. 향과 정의 말단 관리는 현지인이어서 지역의 크고 작은 일을 처리하기에 알맞았다.

그 기계는 실로 엄청난 고심의 산물이었다.

이렇게 엄밀한 통제 하에서 '검수黔首'(관을 쓰지 않은 검은 머리라는 뜻으로 일반 백성을 가리킴)라 불리던 백성들과 황권을 대리하던 관리들은 반역을 저지를 가능성이 없었을까?

거의 없었다.

그러면 진시황은 마음을 놓았을까?

그렇지 않았다.

분서갱유

군현제를 수립한 뒤에도 진시황은 연이어 새로운 계책을 선보였다.

첫 번째는 '도로 건설'이었다. 수도인 셴양을 중심으로 전국적인 '고속도로망'을 구축했다. 두 번째는 '요새 제거'였다. 과거에 여섯 나라가 요지에 세웠던 성곽과 장벽과 대규모 참호를 허물었다. 세 번째는 '제방 철거'였다. 여섯 나라가 물길을 막느라 쌓았던 제방을 허물고 하천을 준설하는 동시에 운하를 건설했다. 네 번째는 '병기 압수'였다. 전국 각지의 무기들을 몰수해 셴양으로 옮겨와 한꺼번에 녹여서 큰 종과 동상을 만들었다. 다섯 번째는 '대규모 이주'였다. 천하의 부호들을 셴양으로 이주시켰는데 그 규모가 무려 12만 호였다고 한다.

이런 조치들의 의도는 매우 뚜렷했다.

사실 제국의 위험 요소는 모두 세 가지로 나뉘었다. 첫 번째는 백성들의 반란, 두 번째는 여섯 나라의 부활, 세 번째는 야만족의 침입이었다. 하지만 첫 번째와 두 번째는 돈과 무기와 거점이 필요한데 이제는 요새도 허물어지고 무기도 몰수되고 부호들도 빈털터리가 돼버렸다. 반란이든 부활이든 가능할 리가 없었다. 혹시 의외의 변고가 일어나더라도 새로 도로가 생기고 수로까지 뚫려서 황제가 언제든 군대를 보내 진압할 수 있었다.

야만족도 상대하기가 수월했다. 진시황에게는 강력한 기병과 보병이 있었기 때문이다. 그는 북쪽으로는 만리장성을 쌓고 남쪽으로는 백월을 정벌했고 손에 넣은 지역마다 군현을 설치했다. 그렇게 해서 새로 생긴 군현이 북쪽의 구원군九原郡, 남쪽의 남해南海, 계림군桂林, 상군象郡이었다. 이로써 "오랑캐는 감히 남하하여 말을 풀어 기르지 못했고, 병사들은 감히 활을 당겨 원한을 갚으려 하지 못했다胡人不敢南下而牧馬, 士不敢彎弓而抱怨." 요컨대 "훌륭한 장수와 튼튼한 쇠뇌가 요충지를 지키고 믿음직한 신하와 정예 군사가 예리한 병기를 들고 검문을 했던 것이다良將勁弩, 守要害之處; 信臣精卒, 陳利兵而誰何."[3]

이런데도 진시황은 여전히 마음을 놓지 않았다.

그는 정무에 충실했다. 매일 죽간 120근 분량의 상주문을 다 보고서야 휴식을 취했다. 그리고 신중했다. 어전에서는 누구도 무기를 휴대하지 못하게 했다. 호위병들도 명령이 없으면 어전에 오르지 못했다. 그래서 나중에 형가가 그를 살해하려 했을 때 모두가 멀뚱멀뚱 보고 있을 수밖에 없었다. 또한 그는 의심이 많았다. 매일 숙소를 바

3 가의賈誼의 「과진론過秦論」 참고.

꾸었고 자신의 행적을 폭로하는 자는 누구든 사형에 처했다. 그는 잔인하기도 했다. 언젠가 그가 이사를 비판한 사실이 궁궐 밖으로 흘러나갔다. 누가 비밀을 누설했는지 모르는데도 그는 당시 옆에 있었던 궁녀, 환관, 호위병을 죄다 죽여버렸다.

이 정도로 철통같이 방비한 만큼 진시황은 걱정 없이 천하를 휘어잡지 않았을까?

애석하게도 아직 그렇지 못했다. 어쨌든 세상에는 죽음을 두려워하지 않는 사람, 직언을 서슴지 않는 사람 그리고 맞서기를 좋아하는 사람이 있기 마련이기 때문이었다.

순우월淳于越이 바로 그런 사람이었다.

순우월은 제나라 출신의 박사博士였다. 박사는 정사를 논의하고 예의를 관장하는 관리로서 진시황 시대에 70명이 있었으며 그 우두머리는 '복야僕射'였다. 기원전 213년 진시황이 셴양궁에서 연회를 열었을 때, 70명의 박사들이 앞으로 나와 술잔을 올렸다. 복야였던 주청신周青臣은 진시황의 공덕을 찬양하는 노래를 소리 높여 불렀다.

주청신은 말하길, "제후국들을 군현으로 삼아 사람마다 안락함을 누리고 전쟁의 근심이 사라져서 그 공적을 만대에 전하게 되었습니다以諸侯爲郡縣, 人人自安樂, 無戰爭之患, 傳之萬歲"라고 진시황의 위엄과 덕망을 칭송했다.

진시황의 용안龍顔이 활짝 펴졌다.

그런데 이때 순우월이 참지 못하고 나섰다.

"주청신은 아부를 일삼는 자입니다! 상나라, 주나라 두 왕조가 1000년이나 이어졌던 것은 자제와 공신에게 분봉을 했기 때문입니다. 지금 폐하께서는 스스로 황제가 되셨지만 훌륭한 자손들은 평민이 되고 말았습니다. 앞으로 나라에 변고가 생긴다면 누가 그것을 해결하겠습니까?"

당연히 장내의 분위기가 싸늘해졌다.

더구나 당시 진나라는 제국이 된 지 벌써 4년이 지난 뒤였다. 그런데도 순우월이 또 봉건제를 옹호하고 군현제에 반대했으니 그것은 도저히 용납할 수 없는 일이었다!

그런데 뜻밖에도 진시황은 순우월을 죽이지 않았다. 그 대신에 이미 승상이 된 이사에게 의견을 물었다. 이사는 물론 분명하게 의견을 밝혔다. 군주의 명령과 자신의 직책 때문만이 아니라 그 자신이 바로 앞장서서 봉건제에 반대하고 군현제를 옹호한 장본인이었기 때문이다.

하지만 이사의 의견도 순우월을 죽이는 것이 아니었다. 그는 책을 불살라야 한다고 했다.

이사는 진시황에게 글을 올려 고했다.

"지금 사회의 기풍이 매우 불량해서 옛일로 현재를 비판하고 요사스러운 말로 백성을 미혹하는 자들이 있습니다. 그들은 조정에 와서는 마음속으로 비방하고 조정 밖에 나가서는 거리에서 멋대로 지껄입니다. 폐하를 비난하는 것으로 이름을 얻고 다른 정견을 가진 것으로 명예를 삼으며 앞장서서 유언비어를 만들어냅니다. 이런 상태가 오래 가면 틀림없이 폐하의 권위를 해치고 백성들이 작당해 사욕을 좇게 함으로써 제국을 위험에 빠뜨리고 말 겁니다."

문제는 왜 이런 일이 일어났느냐는 것이었다.

이사의 설명과 해결 방안은 이랬다.

"관아의 명령이 시행되지 않고 의론이 분분한 것은 모두 민간에서 사상이 통일되지 않고 학문이 너무 자유롭기 때문입니다. 따라서 사학私學을 금지해야만 문제를 근본적으로 해결할 수 있습니다."

진시황은 이사의 의견에 동의했다.[4]

그리하여 분서갱유焚書坑儒가 일어났다.

분서갱유는 중국 역사상 일대 사건으로서 진시황과 이사는 이로 인해 영원히 치욕을 뒤집어썼다. 하지만 사실 갱유는 분서와 엄연히 다른 사건이었고 진시황이 파묻어 죽인 자들은 유생이나 반대파가 아니라 강호의 사기꾼들이었다고 봐도 무방하다. 그런데도 산 채로 460여 명을 파묻었다고 다짜고짜 그 잔혹함만을 부각시키는 것은 온당하지 못하다.

상대적으로 더 중요한 것은 분서다.

분서는 역사적 사실이다. 하지만 분서의 직접적인 동기는 문화의 소멸이라기보다는 언론 통제였다. 당시의 형벌 규정을 보면 분서령이

4 이상의 사건들은 『사기』 「진시황본기」와 『사기』 「이사열전」 참고.

하달된 지 30일 안에 책을 불사르지 않은 자는 이마나 얼굴에 글자를 새겨 넣고 4년간 낮에는 성을 지키고 밤에는 성을 쌓게 했다. 또한 모여서 『시경』과 『서경』을 이야기하는 자는 참수에 처하고 옛일로 현재를 비판하는 자는 그 일족을 멸했다.

형벌이 가장 중한 죄목은 옛일로 현재를 비판하는 것이었다. 그다음은 유언비어 유포였다.

이를 통해 분서의 목적이 국시國是에 대해 왈가왈부할 가능성을 일거에 뿌리 뽑는 것이었음을 알 수 있다. 그것은 영락없는 문화전제주의였다. 하지만 진시황과 이사는 틀림없이 스스로 떳떳하다고 생각했을 것이다. 왜냐하면 봉건제를 폐지하고 군현제를 실시한 것은 혁명이었기 때문이다. 이 혁명은 진 제국의 흥망과 관계가 있어서 반드시 철저하게 추진해야 했으므로 '반혁명'은 당연히 진압의 대상이었다.

그러면 만약 순우월이 없었다면 분서가 일어나지 않았을까?

이 문제는 "오직 유학만을 높인獨尊儒術" 한 무제의 정책과 연관지어야 분명하게 파악할 수 있다(자세한 내용은 『한 무제의 제국: 이중톈 중국사8』 참고). 어쨌든 진시황과 이사는 관청의 소장 도서, 진나라 역사 그리고 의약, 점술, 농업 관련 도서를 제외하고 민간에 소장된 모든 문예, 철학, 제자백가의 도서를 죄다 소각하게 했다. 그것은 실로 문화적 재난이었다.

 더구나 7년 뒤, 항우가 두 번째 분서를 저질렀다. 셴양을 함락한 그는 대량 학살을 저지르고 궁궐을 불태우면서 진 제국의 박사들이 관리하던 고대 전적까지 잿더미로 만들었다. 그 직전에 소하蕭何가 일부 문서를 빼내지 않았다면 그 결과가 어땠을지 상상조차 할 수 없다.

중국 문명의 수많은 소중한 유산이 이렇게 사라져버렸다. 중국 민족의 수많은 소중한 사상도 잊히고 단절되었다. 단절된 것은 물론 전국시대의 활발한 사상과 자유로운 언론의 전통이었다. 이 만회할 수 없는 손실의 책임은 진시황과 이사와 항우에게 있다. 만약 다른 차원에 법정을 세울 수만 있다면 그들은 마땅히 송치되어 심판을 받아야 한다.

이제 물질적인 무기도 몰수되고, 문자로 된 사상의 무기도 몰수되었다. 진시황과 이사는 창과 붓을 모두 독점하였다. 그러면 그들의 제국은 안전해졌을까?

그렇지 않았다. 오히려 멸망이 앞당겨졌다.

사실 잔혹한 통치는 역사적으로 오래간 적이 없다. 역사의 수레바퀴는 독재자의 손가락에 의해 돌아가지는 않는다. 일찍이 지식인들이 '비판의 무기'를 들기 이전에 폭정에 시달릴 대로 시달리던 백성들은 스스로 '무기의 비판'을 감행하곤 했다. 일개 농민의 자식이자 비천한 병졸이었던 진승이 벼랑 끝에 몰려 무기를 들고 봉기했을 때, 진 제국은 다시는 돌아올 수 없는 다리를 건너고 말았다. 이 일을 두고 당나라 시인 두목杜牧은 "변방 군사들의 절규에 함곡관이 함락되고, 초나라인들이 지른 불길에 아방궁이 초토가 되었네戍卒叫, 函谷擧; 楚人一炬, 可憐焦土"[5]라고 표현했다. 그 불은 활활 타올라 무려 "석 달 동안 꺼지지 않았다三月不滅"[6]고 한다.

또한 당나라 시인 장갈章碣은 또 "구덩이 속 재가 다 식기 전에 중원에서 난리가 일어났고, 유방과 항우는 본래 책을 읽지 않았네坑灰未冷山東亂, 劉項原來不讀書"라고 했다.

진승도 책과는 거리가 먼 인물이었다.

5 두목의「아방궁부阿房宮賦」
6『사기』「항우본기」참고.

대택향

진승은 수졸戍卒이었다.[7]

수졸은 병사의 일종이었다. 진나라의 군사제도를 보면 성인 남성 100명 중 50명은 농사를 짓고 50명은 병역에 복무하게 했는데 복무 연령은 23세였다. 신병은 우선 군현에서 한 달간 복무했고 이때는 '갱졸更卒'이라 불렸다. 그런 다음에는 수도에 가서 궁궐과 관청을 호위하면서 '정졸正卒'이라 불렸다. 그리고 마지막으로 1년간 국경을 지켰고 이를 '수졸'이라 했다.[8]

수졸은 즉 국경 수비병이었다.

징집된 병사였던 진승과 오광은 북쪽 국경으로 갈 채비를 하고 있었다. 입대 전에 그들은 모두 평민이었으며 입대 후에는 둔장屯長을 맡았다. 둔장은 분대장이나 소대장에 해당됐지만 장교는 아니었다. 제국의 방대한 군사체계 안에서 매우 보잘것없는 위치였다.

7 진승의 사적에 관해서는 모두 『사기』 「진섭세가」 참고.
8 푸러청傅樂成의 『중국통사』(타이완 홍양도서공사弘揚圖書公司) 참고.

이 두 사람은 어떻게 천하를 뒤흔들게 되었을까?

그들 자신조차 생각지 못했을 것이다.

그래서 어떤 이야기가 날조되어 역사서에 실렸다. 그 이야기에서 진승은 입대 전에 지주 가문에서 품을 판 것으로 묘사되었다. 어느 날 일을 하다가 언덕 위에서 잠시 쉴 때, 그는 장탄식을 오래 하더니 동료들에게 불쑥 말했다.

"우리 언젠가 부귀해져도 서로 잊지 말자고."

동료들은 모두 그를 비웃었다.

"품이나 파는 주제에 부귀는 무슨 부귀야?"

진승은 하늘을 보며 탄식했다.

"아아, 제비와 참새가 어찌 기러기와 고니의 뜻을 알겠는가!"

이것은 물론 날조된 이야기다. 진승의 자字가 섭涉이고 오광의 자가 숙叔이었다는 것도 날조다. 그들 같은 평민이 자가 어디 있었겠는가? 설령 있었더라도 그것은 왕이라 칭한 뒤의 일이었을 것이다. 그 전에는 이름조차 없었을 수 있다. 정장이었던 유방조차 이름도 자도 없어서 항렬에 따라 유계劉季('계季'는 막내라는 뜻이다)라고 불렸음을 상기해야 한다.

항우의 이름과 자만 믿을 만하다. 그는 귀족 출신이었기 때문이다. 항우가 남쪽 순시를 온 진시황을 보고 무의식중에 "내가 너를 대신하겠다"라고 말했다는 것 역시 믿을 만하다. 그는 그럴 만한 자격이 있었고 또 그런 성격이었기 때문이다.

진승의 말은 믿을 수 없다. 그가 뭘 믿고 자기는 기러기와 고니, 동료들은 제비와 참새라고 말했다는 것인가? 언덕 위에서 장탄식을 오래 했다는 것도 믿을 수 없다. 그냥 언덕에서 쉬었다고 하면 넘어갈 수 있지만 실망감으로 장탄식을 오래 했다는 것은 받아들이기 어렵다. 그는 실망할 것이 없었다. 본래 아무 희망도 없었기 때문이다.

더구나 "장탄식을 오래 했다"니! 그것은 문학청년에게서나 보이는 정서다. 품팔이로 농사를 짓던 진승이 과연 그토록 감수성이 풍부했을까?

따라서 이 이야기는 날조된 것이 맞다.

날조에도 두 가지 가능성이 있다. 하나는 역사를 쓴 사람, 심지어 사마천 스스로 날조했을 가능성이다. 사실 그가 쓴 『사기』에는 군데군데 날조의 흔적이 있다. 더구나 사마천은 진승을 매우 중시했다. 진승의 전기를 세가世家로 분류한 것이 그 증거다.

또 하나는 당시 사람들이 날조했을 가능성이다. 심지어 그의 동료 일꾼이 날조했을 수도 있다. 물론 그것은 진승이 왕이 된 후의 일이었을 것이다. 정말로 그랬다면 당사자의 증언이기 때문에 역사가들에게서 자연스럽게 공신력을 얻었을 것이다.

이 두 가지 가능성이 모두 존재한다.

그러나 이야기의 날조는 필연적인 것이기도 하다. 왜냐하면 역사는 설명을 필요로 하기 때문이다. 어떤 일이 불가사의하면 불가사의할수록 더 많은 설명을 필요로 한다.

진승이 이뤄낸 기적이 바로 그런 일이었다.

생각해보라. 가난하게 자란 한 시골 청년이 소나 말처럼 변경에 끌려가 화살받이 병졸이 되었다. 그런 자가 공자처럼 학문이 높지도, 범려范蠡처럼 돈이 많지도 않으면서 어떻게 일약 성공을 거둬, "세상 사람들이 구름처럼 몰려 호응하고 식량을 짊어진 채 그림자처럼 따르게天下雲集而響應, 贏糧而景從" 만들었을까?[9]

설명할 수 있는 방법은 단 한 가지다. 그가 어려서부터 비범했다고 하면 된다.

그러면 사람들의 환심을 사면서 그들의 의문까지 말끔히 해소해줄 수 있다. 이런 까닭에 날조하는 사람은 기꺼이 날조를 하고 퍼뜨리는 사람 역시 기꺼이 퍼뜨리곤 한다. 진실이 무엇인지는 전혀 신경 쓸 필요가 없다!

그래서 유명인의 어릴 적 이야기, 특히나 교훈적 색채의 이야기는 대부분 적당히 듣고 넘어가는 게 좋다.

사실 진승의 반란은 전적으로 우연히 일어났다.

그때는 진나라 이세 황제 원년(기원전 209) 7월이었다. 진승과 오광을 비롯한 900명의 일행이 명령에 따라 어양漁陽을 지키러 떠나기 위해 임시로 대택향大澤鄕에 집결했다. 그 900명이 다 어디에서 징집되었는

9 가의의 「과진론」 참고.

지는 알 수 없다. 단지 진승은 양성陽城 사람이고 오광은 양하陽夏 사람으로서 둘 다 시골의 평민이었다고만 알려졌을 뿐이다.

서로 얼굴도 모르는 사람들이 그렇게 한곳에 모였고 그들 중 누구도 자신의 운명과 미래에 대해 알지 못했다. 양성은 지금의 허난 성 덩펑登封이고 양하는 지금의 허난 성 타이캉太康이다. 그리고 대택향은 지금의 안후이 성 쑤저우宿州, 어양은 베이징 시 미윈密雲이다. 이것들 간에 무슨 연관성이 있었을까? 그렇지는 않았다.

그러나 그들 앞에 험난한 여정이 기다리고 있다는 것만은 확실했다.

몸이 자유롭지 못하고 앞날이 불투명한 것도 확실했다. 수졸로서 어양에 도착한 후 과연 살아 돌아갈 수 있을지 아무도 알 수 없었기 때문이다.

더 고약했던 것은 중간에 만난 큰비였다.

예고도 없이 큰비가 쏟아져 온 들판을 진흙탕으로 만들었다. 이미 어양으로 가는 길을 끊어놓고도 비는 그칠 기색이 안 보였다. 그래서 어쩔 수 없이 며칠을 기다리다가 그만 어양에 제때 도착할 가망성이 사라져버렸다. 이제 그들은 어양에 도착하면 군법의 처분에 몸을 맡겨야 했다.

당시 그들 900명이 얼마나 절망하고 두려움에 떨었을지는 상상하기 어렵지 않다.

하지만 다행히도 그들 중에는 진승과 오광이 있었다. 진승과 오광이 어떻게 친구가 됐는지는 확실하지 않다. 그러나 어쨌든 그 두 사람은 900명의 수졸 가운데 가장 똑똑했을 것이다. 결코 앉아서 죽음을 기다리려 하지는 않았을 것이다.

진승과 오광은 끝장을 보기로 하고 이렇게 말했다.

지금 도망가도 죽고 반란을 일으켜도 죽는다. 똑같이 죽는다면 나라를 위해 죽는 것이 낫지 않은가今亡亦死, 擧大計亦死. 等死, 死國可乎!

그들에게는 반란을 일으키는 것만이 유일한 길이었다.

하지만 그런 상황에서도 진승과 오광은 감히 경솔하게 행동을 개시하지 못했다. 우선 점쟁이를 찾아가 길흉을 점쳐보았다. 그런데 뜻밖에도 큰일을 이룰 뿐만 아니라 여론을 조작해 민심을 얻을 수도 있다는 점괘가 나왔다.

이런 배경 아래 물고기 뱃속의 붉은 글씨 천과 한밤중의 여우 울음소리가 탄생했다. 진승은 붉은 글씨로 '진승왕陳勝王'이라고 적힌 천을 물고기에게 먹여 다시 그물에 잡히게 하는 한편, 오광을 시켜 한밤중에 여우 울음소리를 흉내 내 "위대한 초나라가 부흥하리라大楚興"라고 외치게 했다. 이런 방법으로 진승은 금세 사람들의 지지를 얻었다.

그다음에는 오광의 고육계苦肉計가 이어졌다.

고육계의 목적은 매우 단순했다. 그것은 수졸들의 원한을 한데 모으는 것이었다. 이 계책을 오광이 수행한 것은 그가 수졸들 사이에서 인망이 높았기 때문이다. 그래서 오광은 통솔관이 술에 취한 틈을 타 일부러 사고를 치고는 달아나겠다고 연방 소리를 질렀다. 그 통솔관은 아니나 다를까 오광을 호되게 때리고 검까지 뽑아들었다.

그 순간, 진승과 오광은 함께 통솔관을 죽이고 반란을 선포했다.

사실 가장 인상적인 것은 역시 진승의 승부수였다. 여정이 늦어지는 바람에 진승 일행은 진나라 군법에 따라 이미 죽은 목숨이었다. 혹시 당국에서 관용을 베풀더라도 그들 중 열에 예닐곱은 국경 지역에서 전사하거나 과로사할 것이 뻔했다. 그러나 반란을 일으키면 목숨을 건질 수도 있을 뿐만 아니라 운이 좋으면 부와 명예까지 취할 수 있었다. 사내대장부로서 결코 억울하게 죽을 수는 없었다. 혹시 죽더라도 세상에 이름을 날리고 볼 일이었다.

진승은 곧장 소리 높여 외쳤다.

왕후장상의 씨가 어찌 따로 있더냐王侯將相寧有種乎!

이 말이 떨어지자마자 환호성이 울려퍼졌다.

진승이 실제로 이 말을 했는지 안 했는지는 그리 중요하지 않았다. 어쨌든 900명의 수졸들에게는 달리 선택의 여지가 없었기 때문이다.

벼랑 끝에 몰린 그들은 오른쪽 소매를 걷어붙여 증표로 삼고 제단을 쌓아 맹세를 한 뒤, 나뭇가지를 무기로 들고 대나무 장대를 깃대로 치켜들었다. 그들의 깃발에는 '대초大楚'라는 두 글자가 새겨졌으며 실질적인 리더는 역시 진승이었다.

진승의 깃발이 대택향에서, 나아가 온 천하와 중국 역사 속에서 높이 펄럭였다.

진승왕

진승과 오광이 기치를 든 후에도 대택향에 계속 비가 내렸는지는 알 도리가 없다. 하지만 수졸들의 마음만은 이미 활짝 개였을 것이다. 새로운 삶을 시작한 뒤로 희망과 목표가 생겼기 때문이다.

그 모든 것은 예상 밖의 일이었다.

확실히 진승과 오광의 반란에는 우연적인 요소가 많았다. 예를 들어 그들은 우연히 대택향에 주둔했고, 우연히 큰비를 만났고, 우연히 진승과 오광이 뜻을 같이했고, 우연히 점쟁이가 반란을 부추겼고, 우연히 통솔관이 술에 취했다.

그렇다면 혹시 그렇게 많은 우연이 없었어도 진승이 성공하고, 진나라가 멸망하고, 또 역사가 다시 쓰일 수 있었을까?

그랬을 것이다.

그 반란은 우연의 산물이었지만 반란의 성공은 필연이었다.

훗날의 실패도 마찬가지였다.

그 뒤의 역사적 사실을 살펴보기로 하자.

제국의 통솔관을 살해한 뒤, 진승은 스스로 장군이 되고 오광은 도위都尉가 되어 주둔지 대택향을 공격해 손에 넣었다. 그다음에는 대택향을 관할하는 기蘄 현의 현성을 공격해 함락시켰고 그 여세를 몰아 계속 서쪽으로 진군해 연달아 다섯 현을 항복시켰다.

반란군은 가는 곳마다 승리를 거두면서 계속 병력을 확충했다. 진陳 현에 다다랐을 때 그들의 병력은 수레 700대와 기병 1000여 기 그리고 보병 수만 명에 달했다.

진 현은 오늘날의 허난 성 화이양淮陽이다. 반란군이 진 현에 닿았을 때 진군秦郡의 군수와 진 현의 현령은 이미 도망치고 없었다. 그들의 부관만 남아 저항 끝에 목숨을 잃었고 진승은 수월하게 성으로 들어갔다.[10]

이제 역사를 다시 쓸 시점이 되었다.

성에 들어간 뒤, 진승은 그 지역 관리와 명망가들을 불러 일을 논의했다. 그들은 입을 모아 말했다.

"장군께서는 병사들을 이끌며 견고한 갑옷을 입고 예리한 무기를 쥐고서 무도한 자들과 포악한 진나라를 벌했습니다. 그래서 망한 나라를 일으키고 끊어진 후대를 이은 그 공적이 높고도 크니 마땅히 왕이 될 만합니다將軍身先士卒, 披堅執銳,. 伐無道, 誅暴秦, 興滅國, 繼絕世, 功高蓋世,

10 진나라 때 진군이 있었는지는 학계에서 논란이 있다. 나는 탄치샹譚其驤의 『중국역사지도집』과 스웨이러史爲樂의 『중국역사지명대사전』을 참고했다.

理應爲王."[11]

그래서 진승은 왕이 되었고 역사에서는 그를 '진왕陳王'이라 부른다.

오광은 '가왕假王'이라 불렸는데 그것은 왕을 대신해 재량껏 직무를 수행할 수 있는 지위였다. 그때는 그들이 대택향에서 반란을 일으킨 지 한 달도 안 된 시점이었으니 "왕후장상의 씨가 어찌 따로 있더냐!"[12]를 여실히 증명한 셈이었다.

그런데 진승이 정말로 그 말을 했을까?

충분히 가능성이 있다. 그것이 시대적 특징이었기 때문이다. 춘추시대가 귀족의 시대였다고 한다면 전국시대 이후는 평민의 시대였다. 일개 평민이 공경과 재상이 되고 하룻밤 사이에 거부가 되는 일이 그리 드물지 않았다. 소진蘇秦, 장의張儀, 풍환馮驩, 모수毛遂가 다 그랬다. 진나라 재상 이사도 마찬가지였다.

당시 민간에는 틀림없이 그들의 입신출세에 관한 이야기가 널리 퍼져 있었을 것이다. 진승은 입대 후 군중에서 전해 들었을 수도 있다. 그런데 다른 사람들은 다 흥밋거리로만 간주하던 그 이야기를 진승은 마음속 깊이 새겼다. 그래서 반란을 선포하던 그 순간, 그 말이 자기도 모르게 입 밖으로 나온 것이다.

그 말은 잘못된 것이 없었다.

그의 잘못은 단지 너무 서두른 데 있었다.

사실 진승이 왕이 되는 것을 반대한 사람이 없었던 것은 아니다.

11 『사기』「장이진여열전」과 『사기』「진섭세가」 참고.

12 『자치통감』 7권에 따르면 대택향의 반란은 진나라 이세 황제 원년 7월에 일어났고 진승의 부하 무신이 조왕이라 칭한 것은 같은 해 8월이었다고 한다. 이를 근거로 추산했다.

바로 장이張耳와 진여陳餘가 그것을 반대했다. 그들은 둘 다 위나라 도읍 대량大梁(지금의 허난 성 카이펑開封) 사람이었다. 위나라가 망한 뒤, 두 사람은 이름을 숨기고 진陳 땅으로 도망쳤다. 이런 그들이었으므로 진나라에 반기를 든 진승을 적극적으로 지지했다.

그러나 그들은 진승이 왕이 되는 것은 적절하지 않다고 보았다.

장이와 진여는 진승이 왕이 되는 것보다 망한 나라들을 부흥시키는 것이 더 급하다고 생각했다. 멸망한 여섯 나라를 회복시킨다면 진나라의 적을 늘려 광범위한 통일전선을 결성할 수 있었다. 그때가 되면 왕이 아니라 황제가 되는 것도 가능했다.

애석하게도 진승은 그들의 말을 듣지 않았다.

역사는 장이와 진승이 옳았음을 증명한다. 대업을 이루려는 자는 반드시 욕망을 누르고 널리 덕을 쌓아야 한다. 왕이 되려고 서두르고 자기편을 만들려다보면 거꾸로 적을 만들게 마련이다. 그래서 원나라 말에 군웅들이 일어났을 때, 참모 주승朱升은 주원장朱元璋으로 하여금 "담을 높이 쌓고 식량을 비축하면서 왕이 되는 것을 늦추게" 했다.

그 결과, 어떻게 되었을까?

주원장은 성공했지만 진승은 실패했다.

장이와 진여는 어쩔 수 없이 다른 계책을 강구했다.

진승을 설득하는 데 실패한 뒤, 진여는 출병하여 조나라의 옛 땅을 점령하자고 건의했다. 진승은 뜻밖에도 이 건의를 순순히 받아들였다. 그래서 진陳나라 사람 무신武臣에게 장군을 맡기고 장이와 진여를 좌우 교위校尉로 삼아 군대를 지휘해 북상하게 했다.

이때 또 한 명의 풍운아가 등장했다.

그의 이름은 괴통蒯通이었다.

괴통은 범양范陽 사람으로 종횡가縱橫家였다. 종횡가의 장기는 '세 치 혀로 백만 대군을 상대하는 것'이었다. 나중에 괴통은 한신韓信에게 따로 독립할 것을 권유하여 하마터면 초나라와 한나라의 경쟁을 또 다른 '삼국지'로 확대시킬 뻔했다. 그는 훗날 한신에게 퇴짜를 맞기는 해도, 이번에는 작은 일에서 솜씨를 보여 큰 성공을 거둔다.

당시의 형세를 보면 진 현에서 출발한 무신의 군대가 백마白馬(지금의 허난 성 화滑 현)에서 황하를 건너 각지의 토호들의 호응에 의지해 단숨에 범양(지금의 허베이 성 딩싱定興)까지 쳐들어갔다.

그 사이에 반란군에게 저항했던 10여 명의 현령들은 모두 피살되었다.

괴통은 이 소식을 듣고 즉시 범양 현령 서공徐公을 찾아갔다.

서공이 그에게 물었다.

"선생은 내게 어떤 가르침을 주려고 왔소?"

괴통이 말했다.

"첫째는 조문을 드리러 왔고 둘째는 축하를 드리러 왔습니다."

"왜 조문을 왔소?"

"대인께서 곧 돌아가실 것이기 때문입니다."

"그러면 축하하러 왔다는 건 또 웬 말이오?"

"대인께서 이 괴통을 만났기 때문입니다."

서공은 괴통의 뜻을 알아채고 그를 무신에게 보내 항복을 고했다. 무신은 이때 괴통에게 설득당해 서공을 후侯로 봉했다. 서공은 그런 대우를 받을 만했다. 왜냐하면 그는 첫 번째로 투항한 인물이었기 때문이다. 무엇이든 첫 번째는 유리하게 마련이다.

반란군은 투항하면 어쨌든 목숨은 살려주는 정책을 펼쳤다. 이 소식이 알려지면서 30여 개 현들이 싸우지도 않고 줄줄이 투항했다. 진나라 말 천하에 대란이 일어났을 때 반란을 일으킨 백성은 있어도 반란을 일으킨 관리는 없었다는 유종원의 말이 꼭 들어맞지는 않았던 것이다.

적어도 투항한 관리는 있었다.

그 당시 무신은 이미 광범위한 지역을 점령하고 있었고 군대도 강력했다. 벌써 40~50개 성을 확보했으며 과거에 조나라 수도였던 한단邯鄲까지 손에 넣었다. 그래서 장이와 진여의 권유 아래, 무신은 스스로 조왕趙王의 자리에 올랐다.

이에 진승은 노발대발했지만 딱히 대처할 방도가 없었다. 그는 어쩔 수 없이 현실을 인정하고 사람을 보내 무신에게 축하를 전하면서 서쪽으로 진군해 진나라를 공격하라고 명했다. 하지만 이미 조왕이 된 무신이 진승의 말을 들을 리가 없었다. 진나라를 공격하기는커녕 북쪽으로 연燕 지역을 공략해 계속 기반을 넓혀나갔다.

그 후의 역사도 극적으로 전개되었다.

무신이 연 지역을 공략하게 한 인물은 한광韓廣이었다. 한광은 연 지역을 얻은 뒤, 무신의 예를 본받아 스스로 연왕이 되었다. 이처럼 한광이 자신을 따라했지만 무신도 어찌할 도리가 없었다. 더구나 전국시대 이후로 도덕은 이미 땅에 떨어졌고 사람들은 저마다 이익만을 좇고 있었다. 따라서 한광의 소행은 비난받을 만한 일이 아니었다.[13]

주시周市는 조금 다른 경우다.

주시는 위나라 출신이어서 진승에 의해 위 지역 공격에 투입되었다. 그런데 주시도 위 지역을 얻은 뒤, 진승에게 바치지 않고 따로 위왕을 세웠다. 다만 자기가 아니라 과거에 위나라의 영릉군寧陵君이었던 공자 구咎를 위왕으로 세웠다. 당시 공자 구의 신병은 진승이 확보하고 있었으므로 주시는 사신을 다섯 번이나 보낸 끝에 그를 위나라로 데려올 수 있었다.

그리하여 당시 천하에는 진나라 이세 황제를 제외하고 적어도 다섯 명의 왕이 출현했다. 그들은 초왕 진승, 조왕 무신, 연왕 한광, 위왕 위구魏咎, 제왕 전담田儋이었다. 전담은 진승과 무관했다. 그는 진승이 반란을 일으킨 후에 제 지역에서 스스로 왕이 되었다.[14] 이밖에 왕이라 칭하지 않은 두 명도 반란을 일으켰는데 그들은 바로 항우와 유

13 이상은 모두 『사기』「장이진여열전」 참고.

14 『사기』의 「진섭세가」와 「전담열전」 참고.

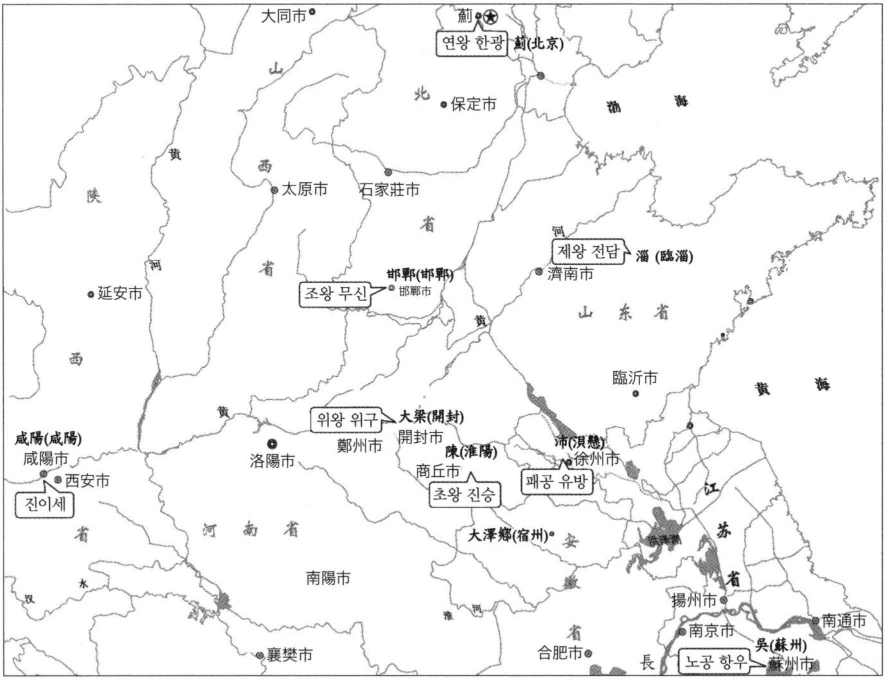

대택향에서의 반란 후 천하의 세력 분포

방이었다.

이 두 사람이야말로 진나라를 무너뜨린 장본인이었다.

그러면 진 제국의 조정은 이런 사태를 어떻게 생각했을까?

진나라는
망할 만했다

진승과 오광이 영토를 확장하고 각지의 영웅호걸들이 앞다퉈 이에 호응하고 있는데도 진나라 이세 황제의 셴양궁은 태평하기만 했다.

이세 황제의 이름은 호해胡亥였다.

호해는 진시황의 작은 아들이었기 때문에 이치대로라면 황제가 될 수 없었다. 진시황이 직접 지목한 후계자도 호해가 아니라 공자 부소扶蘇였다. 하지만 안타깝게도 옥새까지 찍힌 유서가 환관 조고와 이사에 의해 날조되어 호해가 이세 황제가 되었으며 부소는 자결하라는 거짓 조서를 받고 죽음을 택했다.

이런 결과를 진시황은 생각이라도 해보았을까?

생각할 수도, 관여할 수도 없었다. 그 독재자는 당시 소금에 절인 생선 더미 위에 누워 셴양으로 실려오고 있었다. 진시황은 무더운 7월에 사망했고 승상 이사는 이를 쉬쉬하며 장례를 미뤘다. 그는 시체 썩는 냄새를 감추기 위해 시신이 실린 수레에 소금에 절인 생선을 가득 넣게 했다.

자기가 소금에 절인 생선과 한 덩어리가 될 줄을 진시황이 어찌 상상이라도 했겠는가?

하지만 진시황은 그런 최후를 맞아도 쌌다!

만약 그가 그토록 포악하고 괴팍하며 독단적이지만 않았다면 사태가 그 지경으로 악화되지는 않았을 것이다. 적어도 부소를 태자로 삼는다고 천하에 조금 일찍 공표하거나 중병에 걸렸을 때 어전회의를 소집해 뒷일에 대비할 수도 있었다.

하지만 그는 그렇게 하지 않았고 감히 옆에서 권유한 사람도 없었다. 결국 영웅으로 한 시대를 풍미하고도 마지막에 액운을 불러들여 자기가 세운 나라를 망치고 말았다.

진나라는 망할 수밖에 없었다. 왜냐하면 호해가 멍청이였기 때문이다. 이 멍청이의 가장 큰 공로는 중국 문화에 '지록위마指鹿爲馬'(권력을 독점한 환관 조고는 호해에게 사슴을 바치면서 이것은 말이라고 거짓말을 했다. 호해는 어리둥절하여 중신들에게 의견을 물었지만 누구는 조고가 두려워 말이라고 하고 누구는 사슴이라고 답했다. 조고는 사슴이라고 답한 신하들을 모조리 투옥시켰고 이때부터 누구도 그의 의견에 반대하지 못했다. 이후 윗사람과 아랫사람을 농락해 권세를 휘두르는 것을 가리켜 '지록위마'라고 일컫게 되었다)라는 고사성어를 덧붙여 준 것이다. 황제가 신하에게 그토록 조롱을 당하고도 아무 경각심도 없었으니 실로 멍청이 중의 멍청이였다.

호해는 훗날 조고의 핍박을 받아 자살하게 된다. 그 역시 그런 최후를 맞아도 쌌다.

사실 진나라는 2대 만에 망할 만했다. 진승과 오광이 막 반란을 일으켰을 때 그 정보는 곧장 조정에 전달되었다. 이것은 진시황이 설계하고 제작한 국가기계가 당시에도 정상적으로 돌아가고 효율도 나쁘지 않았음을 설명해준다. 하지만 호해가 그런 정보를 상주하는 사람들을 족족 죽이는 바람에 정보부서는 어쩔 수 없이 거짓 보고를 올렸다.

"지방에서 도적떼가 소란을 일으켰지만 이미 군수와 현령에 의해 일망타진되었으니 염려 놓으시기 바랍니다."

호해는 그제야 기뻐서 얼굴을 폈다.

심지어 망국이 목전에 달했을 때도 호해는 뉘우칠 생각을 못했다. 당시 승상 이사 등은 국난國難이 닥쳤으므로 아방궁 건설을 중지하고 군비를 마련해 백성들의 원성을 가라앉혀야 한다고 상주했다. 하지만 호해는 그들을 죄다 투옥시키는 것으로 대답을 대신했다. 그 이유는 이랬다.

"너희는 조정 대신으로서 적들은 다스리지 못하면서 짐을 다스리려 하느냐!"

결국 질책을 당한 대신들 중 두 명이 모욕을 견디지 못하고 자살했

15 이상은 『사기』 「진시황본기」 참고.

다.[15]

진 제국이 스스로를 구원할 수 있는 기회는 이런 식으로 차례차례 무산되었다. 이토록 멍청한 황제는 파멸되어야 마땅하다.

그런데 혹시 황제가 호해가 아니었어도 진나라는 망했을까?

아마 그랬을 것이다.

진승과 오광 전에는 반란이 일어난 적이 없었다고 밝혀주는 증거는 어디에도 없다. 아마도 여러 차례 그런 반란이 있었겠지만 단지 규모가 너무 작고 성공하지 못해 사서에 기록되지 못했을 것이다.

그런데 이런 추측은 근거가 있을까?

사료적 근거는 없지만 논리적 근거는 있다.

그 근거는 진승의 다음과 같은 발언 속에 있다.

> 천하가 진나라 때문에 오랫동안 고통받았다天下苦秦久矣![16]

핍박이 있는 곳에는 반항이 있게 마련이다. 따라서 천하가 진나라로 인해 오랫동안 고통을 받았다면 진승의 반란만이 유일한 반란이었을 리 없다.

그런데 진승의 저 발언은 믿을 만할까?

믿을 만하다. 진승 혼자만 그렇게 말한 것이 아니기 때문이다. 무신도 북벌 과정에서 각 현의 토호들에게 "세상 사람들이 한마음으로

16 『사기』「진섭세가」 참고.

진나라 때문에 오랫동안 고통을 받았다고 생각합니다天下同心而苦秦久矣"라고 말한 바 있다. 더구나 그 고통은 이미 수십 년간 계속되고 있었다.[17]

그렇다면 그 고통은 구체적으로 무엇이었을까?

우선은 무거운 부담이었고 그다음은 가혹한 형법이었다.

앞에서도 말했다시피 진시황의 주된 업적은 도로를 건설하고, 요새를 제거하고, 제방을 철거하고, 무기를 압수하고, 백월을 정벌하고, 만리장성을 쌓은 것이었다. 이것들 모두 그의 '통일 대업'이긴 했지만 엄청난 인력과 재물이 소요되었다. 그만한 인력과 재물은 하늘에서 떨어지지도, 땅에서 나지도 않았으며 황제 자신도 갖고 있지 않았다. 그러면 어디에서 구했을까?

백성들을 쥐어짜서 구했다.

허리띠를 졸라매 가혹한 세금을 내게 한 것만이 아니었다. 문제는 사람의 생명까지 보태게 한 것이었다. 종군을 하고, 변경을 지키고, 성을 쌓고, 능묘를 짓던 사람들은 과연 몇 명이나 살아 돌아갈 수 있었을까? 그리고 고향에 남은 노약자와 병자들은 또 몇 명이나 무사히 살아갈 수 있었을까? 가족이 뿔뿔이 흩어지거나 집안이 풍비박산이 났다.

진시황의 '통일 대업'은 이처럼 백성들의 피땀과 시체더미 위에 세워졌다. 통계에 따르면 장군 몽염蒙恬이 북쪽으로 흉노를 정벌하고 하남

17 『사기』「장이진여열전」 참고.
18 장인린의 『중국사강』 참고.

河南을 수복할 때 적어도 200만 가구가 피해를 보았다고 한다.[18]

이런 대업은 과연 누구를 위한 대업이었을까?

또 이런 대업을 누가 진심으로 원했을까?

아무도 원치 않았다.

그래서 고압적인 수단이 동원되었다. 진나라의 형법은 놀라울 정도로 가혹했다. 예를 들어 법을 어기면 먼저 범인의 얼굴에 먹물로 글자를 새겨넣었다. 이것을 '경黥'이라 했다. 코를 베는 것은 '의劓', 발꿈치를 베는 것은 '월刖'이라 했다. 심지어 산 채로 때려죽이고 머리를 벤 뒤, 형장에서 사람들을 앞에 두고 시신을 난도질하기도 했다. 그야말로 잔인하기 짝이 없었다.[19]

이런 폭정은 백성들뿐만 아니라 공자 부소조차 끔찍해서 보기 힘들어했다. 아마도 부소가 황제가 됐다면 조금 나아졌을지도 모른다. 그러나 애석하게도 역사에 가정이란 없다.

이처럼 무거운 세금과 가혹한 형법 아래 신음하던 백성들은 더 이상 참을 수 없는 지경에 이르렀다. 그래서 누구든 앞장서서 반기를 들기만 하면 저마다 동조하여 떨쳐 일어났다. 진승과 오광이 반란을 일으키게 부추긴 그 점쟁이도 틀림없이 "천하가 진나라로 인해 오랫동안 고통받은 것"에 대한 증인이었을 것이다. 그렇지 않았다면 왜 쓸데없이 남의 일에 끼어들어 은근히 바람을 넣었겠는가?

분노는 일단 불이 붙으면 활활 타오르게 되어 있다. 제단도 일단 세

19 『한서』「형법지刑法志」 참고.

워지면 무엇이든 제물로 바쳐져야 한다. 황제의 목을 베어 올 수는 없으니 관리를 죽일 수밖에 없었다. 그래서 대택향의 제단 위에는 통솔관의 수급이 놓였다.[20]

다른 군현에서도 똑같은 일이 벌어졌다.

그것은 별로 이상한 일이 아니었다. 사실 상앙의 변법 이후, 진나라의 각급 관리들은 모두 법가의 사상으로 무장하고 스스로 독재의 도구가 되었다. 그들은 제국이 범과 이리를 필요로 할 때는 '사육사'였으며 또 제국이 양을 필요로 할 때는 '양떼몰이 개'였다. 그래서 군주에게 충성을 바치면 바칠수록 백성들에게는 잔혹했다. 진나라의 충신들은 거의 예외 없이 가혹한 관리였다. 가혹한 관리가 아니면 그런 가혹한 형법을 집행할 수 없었다.

백성들이 그들에게 치를 떤 것은 당연한 일이었다.

괴통도 비슷한 맥락에서 서공에게 이런 말을 했다.

"대인께서는 범양 현을 10년 간 다스리면서 남의 아버지를 죽이고, 남의 자식을 고아로 만들고, 남의 발을 자르고, 남의 얼굴에 글자를 새긴 것이 실로 부지기수입니다. 그래도 현의 자애로운 부모와 효성스러운 자식들이 귀하의 배에 칼을 찌르지 않은 것은 단지 진나라의 법이 두려웠기 때문입니다. 지금 천하에 대란이 일어나 진나라의 법이 시행되지 않으니 대인이 어찌 죽은 목숨이 아니겠습니까?"

당연히 죽은 목숨이었다. 진승과 오광의 반란이 일어나자 각지의

20 『사기』「진섭세가」 참고.

백성들은 제국의 정부에서 파견된 관리들을 죽여 호응했다. 무신의 말을 빌려 얘기하면 "현의 수령을 죽이고 군의 태수를 죽였으며縣殺其令丞, 郡殺其守尉" "집집마다 노하고 사람마다 싸워서 각기 자신들의 원한을 갚고 원수를 공격했다家自爲怒, 人自爲鬪, 各報其怨而攻其仇."[21]

이것은 진시황이 뿌린 악업의 결과였다.

진나라의 멸망은 우연이 아니었다.

진승의 성공도 우연이 아니었다.

그렇다면 그의 실패도 우연이 아니었을까?

21 『사기』「장이진여열전」 참고.

왜
초나라였나

진승의 반란은 어떤 한 가지 요인에 의해 성공했고 또 실패했다.

그것은 바로 '초楚'였다.

진승은 일찍부터 이 명의를 사용했다. 반란 초기, 그의 깃발에 새겨진 글자는 '대초大楚'였고 그가 왕이 된 후의 국호는 '장초張楚'였다. 그래서 진승도 초왕이었다. 다만 항량項梁이 옹립한 초 회왕懷王과 서초패왕西楚霸王 항우와 구별하기 위해 역사가들은 대부분 진승을 '진왕陳王'이라고 불렀다.

진왕이라 부른 것도 나쁘지는 않다. 진승의 성이 진이고 도읍도 진 지역에 있었기 때문이다.

하지만 그래도 진왕은 곧 초왕이었다. 진 지역은 한때 초나라의 도읍이었기 때문이다. 기원전 278년 진나라의 백기白起가 초나라의 영도郢都를 함락했을 때, 경양왕頃襄王은 저항할 엄두를 못 내고 진 지역으

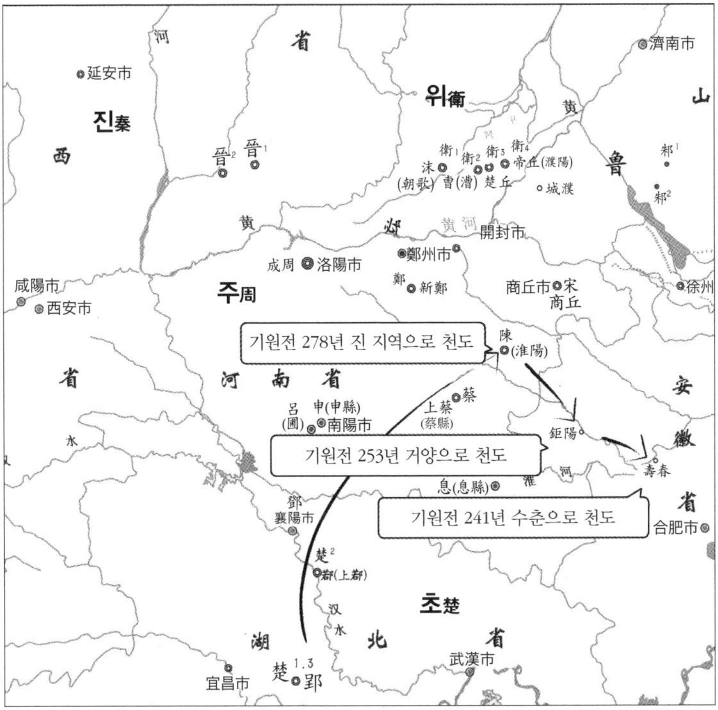

초나라의 천도 과정

로 도읍을 옮겼다. 그 후에도 초나라의 도읍은 계속 동쪽으로 이동했다. 기원전 253년에는 거양鉅陽으로, 기원전 241년에는 수춘壽春으로 옮겨졌다.

확실히 초와 관련해 진 지역이 가진 의미는 평범하지 않았다.

그 의미는 무엇이었을까?

지도를 보면 금세 알 수 있다. 영도는 오늘날의 후베이 성 징저우荊州 이고 진 지역은 허난 성 화이양이며 거양은 안후이 성 푸양阜陽, 수춘은 안후이 성 서우壽 현이다. 이것은 무엇을 뜻할까?

지도에서 보이듯이 영도에서 진 지역으로의 천도는 동북쪽으로의 이동이었고 진 지역에서 거양을 거쳐 수춘으로 천도한 것은 동남쪽으로의 이동이었다.

이런 곡선 모양의 이동 노선은 정확히 초나라의 국운을 상징한다.

실제로 거양으로 천도한 후 초나라의 기세는 나날이 위축되었다. 그러나 진 지역이 도읍일 때는 한동안 열세를 만회했다. 경양왕은 잃었던 15개 성을 수복했고 고열왕考烈王도 노나라를 멸했다. 따라서 진 지역은 '부흥의 도읍'으로서 진나라를 멸하고 초나라를 부흥시킬 본거지로 간주될 만했다.

진 지역의 토호와 백성도 아마 그렇게 생각했을 것이다.

그래서 그들은 진승이 진 지역에서 왕이 되어야 한다고 주장하고 초나라의 사직을 되살려줄 것을 기대했다. 진승도 그런 백성의 바람에 부응했는데 국호인 '장초'는 초나라를 확장한다는 뜻이었다.

하지만 애석하게도 그것은 진승의 진심이 아니었다.

실제로 진승이 '대초'나 '장초'를 내세운 것은 일종의 '우회상장'으로 인심을 매수하기 위해서였다. 그는 결코 초나라의 사직을 되살리지 않았다. 오히려 정말로 초왕을 세우려는 자가 나타나면 지체 없이 죽여버렸다.[22]

사람들은 당연히 그에게 실망했다.

그래서 진승의 실패를 통쾌한 일로 받아들였다.

범증范增도 그런 사람들 중 한 명이었다.

그는 당시 역사에서 매우 중요한 인물이기도 했다. 본래 은자이면서 책사로서 산에서 내려왔을 때 그의 나이는 이미 70세였다. 그의 건의로 항우의 숙부 항량은 시골에 묻혀 있던, '심心'이라는 이름을 가진 초 회왕의 손자를 찾아내 초왕으로 세웠다. 이 새로운 초왕도 초 회왕이라 불렸다.

그 결과, 항량은 크게 위세를 떨쳤다.

반대로 항우는 훗날 초 회왕을 살해하여 인심을 잃었다.

이것은 또 무엇 때문이었을까?

범증은 이렇게 설명했다.

"진나라가 여섯 나라를 멸할 때 초나라가 가장 죄가 없었습니다. 초 회왕은 속임수에 빠져 진나라로 가서 그곳에 연금되어 객사했지요. 그래서 초나라인들은 이를 못 잊고 '초나라에 세 집만 남더라도 초나라인이 반드시 진나라를 멸할 것이다楚雖三戶, 亡秦必楚'라고 떠들어댑니다. 이런 이유로 누구든 초나라를 일으키면 성공할 수 있습니다.

22 『사기』「진섭세가」 참고.

진승은 초왕의 자손을 왕으로 세우지 않고 스스로 왕이 되었으니 당연히 그 기세가 오래가지 못할 겁니다."[23]

이 말은 문제가 있다.

"진나라가 여섯 나라를 멸할 때 초나라가 가장 죄가 없었다"는 것이 말이 되는가? 설마 다른 다섯 나라는 죄가 있었다는 것인가? 그들도 죄가 없긴 마찬가지였다. 춘추시대에는 의롭지 못한 전쟁이 없었지만 전국시대의 전쟁은 도덕 따위를 따지지 않았다. 따라서 죄의 유무는 원인이 되지 못한다.

그렇다면 왜 "초나라인이 반드시 진나라를 멸할 것이다"라는 견해가 널리 퍼지고 진나라에 항거한 반란도 대부분 초나라의 영역 안에서 일어났을까? 여기에는 어떤 원인이 없었을까?

당연히 있었다. 하지만 그 원인은 진나라에 있었지, 초나라에 있지 않았다.

바꿔 말해 진정한 원인은 진나라에 대한 사람들의 사무치는 원한이었다. 그들은 진시황을 증오하고, 호해를 증오하고, 진나라의 군관과 지방관리를 증오했다. 진나라의 제도와 정치는 더더욱 증오해서 하루빨리 무너지기만 바랐다.

진나라의 제도와 정치는 왜 그렇게 미움을 받았을까?

진나라의 제도는 전제적이었고 정치는 가혹했기 때문이다. 이런 제도와 정치가 진나라에서 시행될 수 있었던 데에는 그 나름의 역사적

23 『사기』「항우본기」 참고.

원인과 특수한 원인이 있었다. 간단히 말해 부국강병에 대한 진나라 인들의 공감대가 존재했다. 당시 조건에서 나라를 강하게 하려면 권력의 집중이 필요했고 군대를 강하게 하려면 전제정치가 필요했다. 그리고 나라를 부유하게 만들려면 백성들을 부유하게 만드는 것은 신경 쓸 수 없었다. 이러한 권력의 집중과 전제정치에 착취와 가혹한 형법까지 더해졌지만 백성들은 자신을 억제하며 희생할 수밖에 없었다. 그렇다. 맹자도 말했듯이 물고기와 곰발바닥을 동시에 얻을 수는 없는 법이다. 당시에 나라는 곰발바닥이고 백성은 물고기였다. 물고기가 정치에 대해 이러쿵저러쿵 불평을 늘어놓을 수 있었겠는가?

더욱이 희생에는 보상이 주어졌다. 물질적 보상은 관직과 작위 그리고 침략 전쟁의 전리품이었고 심리적 보상은 '대국' 국민으로서의 자부심이었다. 진나라 백성들은 그래서 진 왕국의 폭정을 감내할 수 있었다. 이 점은 군국주의 시대의 일본을 생각하면 이해하기 어렵지 않다.

하지만 천하가 통일되자 물질적, 심리적 보상은 모두 사라지고 말았다. 전쟁이 없으니 전리품도 없고 국제사회가 없으니 이른바 대국의 국민도 없었다. 그런데도 힘든 생활이 계속되었으니 누가 견딜 수 있었겠는가?

본래 여섯 나라에 속했던 백성들은 더 견디기 어려웠다. 그들은 과거에 그런 생활을 해본 적이 없었다. 여섯 나라도 변법을 하기는 했지만 대부분 군현제에 봉건제를 접목한 정도여서 그렇게 권력이 집중되지도 전제적이지도 않았다. 특히 초나라는 산과 물이 많고 땅이 넓은 데다 사람이 적어서 백성들이 비교적 자유로웠으므로 진나라의 제도와 정치를 받아들이기가 더 어려웠다.

확실히 진나라의 제도와 정치는 진나라에 적용되었을 뿐 천하에 적용되지는 못했다. 그래서 한나라의 고조, 혜제, 문제, 경제, 이 4대에 걸친 조정은 법가의 주장을 버리고 도가 사상을 추종해 무위無爲의 정치와 백성들과의 휴식을 강조했으며 무제는 더 철저하게 진나라의 제도를 한나라 식으로 바꾸었다.

하지만 이것은 다 훗날의 일이다.

당시에는 진나라의 제도와 정치에 대한 여섯 나라 백성들의 사무치는 원한만이 존재했다.

새 제도에 대한 불만은 옛 제도를 그립게 하고 선택적으로 그 옛 제도의 갖가지 문제점을 잊게 만든다. 마찬가지로 새 군주에 대한 불만도 옛 군주를 그립게 하고 그 옛 군주의 갖가지 문제점을 잊게 만든다. 초 회왕을 예로 들면 그는 범증 등이 말한 것처럼 훌륭한 인물이 아니었다. 실제로는 머저리일 뿐이었다.[24]

이제 확실해졌다. 초나라를 그리워한 건 진나라를 증오했기 때문이며 초 회왕을 추켜세운 건 진시황에게 대항하기 위해서였다. 이것은 그리 이상한 일이 아니다. 마르크스가 말했듯이 혁명의 중요한 시점

24 『춘추에서 전국까지: 이중톈 중국사5』 참고.

마다 사람들은 구시대의 망령을 불러내 그 망령의 옷을 빌려 입고 그 망령의 구호를 외치면서 역사의 새로운 장면을 연출하곤 한다.[25]

진승도 그랬다. 그는 심지어 초나라 장수 항연項燕의 명의를 빌려 쓴 적도 있었다. 하지만 이 사람은 성공하자마자 안면을 싹 바꾸고 '빌려 입은 옷'을 버린 뒤, 자기 머리에 스스로 왕관을 씌웠다. 물론 최후에는 다른 사람에게 왕관을 빼앗기긴 했지만.

아니다. 아예 머리를 통째로 빼앗겼다.

대택향에서 봉기한 지 6개월 뒤, 초나라인들의 지지를 잃은 진승은 장한의 정부군에게 패해 진 현을 내주었다. 그는 먼저 여음汝陰(지금의 안후이 성 푸양)으로 갔다가 다시 성보城父(지금의 안후이 성 궈양渦陽)로 도망쳤지만 결국 그곳에서 자신의 마부에게 피살되었다.

그때 진승은 혹시 그 '빌려 입은 옷'을 떠올렸을까?

그것은 별로 중요한 일이 아니다. 왜냐하면 이미 항연의 후손이 등장하여 훨씬 더 장엄한 장면을 연출할 예정이었기 때문이다.

그 사람은 바로 항우였다.

25 마르크스의 『루이 보나파르트의 브뤼메르 18일』 참고.

항우는 후대에 파부침주破釜沈舟, 작벽상관作壁上觀,
금의환향錦衣還鄉, 목후이관沐猴而冠이라는 네 개의 고사성어를 남겼다.

제3장

항우의 패권 다툼

강동에서 군대를 일으키다

유방의 등장

죽음을 자초한 이세 황제

거록대전

패공의 진나라 입성

홍문의 연회

패망의 카운트다운

강동에서 군대를 일으키다

항우는 숙부 항량과 함께 반란을 일으켰다.

그때는 진나라 이세 황제 원년 9월, 즉 대택향 반란이 일어난 지 두 달 뒤였다. 당시 반란 소식을 전해들은 기蘄 현 부근의 백성들은 진 제국에서 파견된 군수와 현령을 잇달아 죽여 진승에게 호응했다. 이 일을 역사에서는 '강서개반江西皆反'이라고 부른다.[1]

그런데 이때 항량과 항우는 강동江東에 있었다.

강동과 강서는 고대의 지명이다. 잘 알려진 것처럼 양쯔 강은 포양鄱陽 호를 지난 뒤, 비스듬히 북쪽으로 흐른다. 그래서 주장九江부터 전장鎭江까지 남북 방향의 수로를 형성한다. 고대에는 이를 경계로 하여 양쪽 지역을 각기 강동과 강서로 불렀다. 강동은 지금의 장쑤 성 남쪽과 안후이 성 남쪽 지역이며 강서는 지금의 장쑤 성 북쪽과 안후이 성 북쪽 지역이다. 고대의 강서는 지금의 장시 성과는 전혀 무관했다.

1 『사기』「항우본기」 참고. 이하 동일 출처의 내용은 주를 생략.

마치 고대의 강남江南이 실은 지금의 후난 성이었던 것처럼.

항량과 항우가 있던 강동의 오吳 현은 지금의 쑤저우로서 춘추시대에는 오나라의 도읍이었고 진나라 시대에는 회계군會稽郡의 행정 중심지였다. '강서개반'의 소식이 전해지자마자 이곳의 군수는 항량을 청해 대책을 논의했다.

그는 왜 항량을 청했을까?

당시 항량은 그 지역의 호걸이자 명사였기 때문이다.

항량은 본래 대단히 귀한 가문 출신이었다. 그의 가문은 대대로 초나라 장군을 배출하여 그 공적으로 항項 땅에 봉해졌고 그래서 항을 성씨로 삼았다. 항은 지금의 허난 성 샹청項城이다. 2000년 뒤의 풍운아 위안스카이袁世凱가 바로 이 샹청 사람이다.

항량의 아버지 항연도 초나라의 명장이었다. 기원전 224년, 진나라 장군 왕전王翦이 초나라를 격파하고 초왕을 포로로 잡았다. 이때 항연은 따로 창평군昌平君을 왕으로 세우고 회남 일대에 망명정부를 세워 진나라에 저항했지만 그 이듬해에 망명정부는 참패했고 창평군은 피살됐으며 항연도 순국하고 말았다.

그래서 초나라인들은 마음속으로 항연을 존경하고 그리워했다. 진승이 반란을 일으킬 때 그의 명의를 빌려 쓴 것은 바로 이런 이유 때문이었다.

항연이 순국한 뒤, 항씨 일족은 일반 백성으로 전락했다. 그중 항량은 사람을 죽인 탓에 원수를 피해 항우를 데리고 오 현으로 이주했고 금세 그곳에서 가장 명망 높은 인물이 되었다. 그래서 지금 천하에 대란이 일어나자 군수는 그를 찾아 상의하려고 한 것이다.

그 군수는 반란을 일으킬 계획이었다.

회계군의 군수가 왜 반란을 일으키려 했는지는 확실치 않다. 아마도 제국과 제국의 관리에 대한 백성들의 깊은 원한을 간파하여 다른 군수와 현령 같은 최후를 맞고 싶지 않아서였는지도 모른다. 아니면 진나라의 운이 이미 다하여 필시 왕조가 바뀌리라는 것을 깨닫고 이 기회에 한몫 잡아보고 싶었는지도 모른다. 물론 두 가지 생각이 다 있었을 수도 있다. 어쨌든 그 군수는 출병을 결정하고 항량과 다른 한 사람이 자신의 오른팔과 왼팔이 돼주기를 바랐다.

아무래도 진나라 말 천하에 대란이 일어났을 때 반란을 일으킨 백성은 있어도 반란을 일으킨 관리는 없었다는 유종원의 말은 확실히 신빙성이 없는 듯하다. 적어도 회계군의 이 관리는 그랬다. 그의 반란이 미수에 그쳤을지라도 말이다.

그의 반란이 미수에 그친 것은 항량이 그를 도와줄 생각이 없었기 때문이었다.

항량은 왜 그를 지지하지 않았을까? 역시 확실치 않다. 아마 그보다는 자기가 반란을 일으키는 것이 낫다고 보았기 때문이 아닐까. 그가 반란을 일으키면 나라에 대한 배신이었지만 항량이 반란을 일으키면 대의를 위한 봉기였다. 그리고 마침 군수가 찾던 다른 한 사람은 제국의 수배범이어서 당시 깊은 산속이나 강호의 물가에 숨어 있었던 것 같다.

그래서 항량은 말했다.

"귀하가 말씀하신 그 사람이 어디 있는지는 제 조카만 알고 있습니다."

군수는 즉시 항우를 안으로 들어오게 했다.

항우가 들어오자 항량은 그에게 슬쩍 눈짓을 했다. 항우는 바로 검을 뽑아 단칼에 군수의 목을 베었다.

그 자리에 있던 사람들은 모두 얼굴이 파랗게 질려 아우성을 쳤다.

항량은 그저 웃기만 했다. 자신의 조카가 어떤 사람인지 그는 너무나 잘 알고 있었기 때문이다.

진승과 달리 항우는 좋은 교육을 받을 조건이 되었고 그에 대한 항량의 관심도 컸다. 그러나 항우는 배우는 것에는 전혀 취미가 없었다. 먼저 글자를 배웠지만 며칠 지나지 않아 그만두었고 그다음에는 검을 배웠지만 역시 며칠 안 돼서 때려치웠다. 항우는 이렇게 말했다.

"글씨를 배우면 고작 남의 이름이나 적을 텐데 그것이 무슨 소용인가? 검술을 배워도 고작 한 사람이나 싸워 이길 테니 배울 가치가 없다. 배우려면 수천수만 명과 싸워 이길 수 있는 것을 배울 것이다."

항량은 일리가 있다고 생각하고 그에게 병법을 가르쳤다. 항우는

그제야 기뻐했지만 조금 해보고 역시 그만두었다. 그래서 항우는 병법조차 다 배우지 않았다.[2]

하지만 항우는 천부적인 능력의 소유자였다. 그는 키가 8척(184센티미터)이 넘었고 재기가 넘쳤으며 커다란 세발솥을 들 정도로 힘이 장사였다고 한다. 그래서 오 현에 사는 권문세가의 자제나 불량배들은 모두 그에게 한 수 양보해야만 했다.

항우는 힘이 셀뿐만 아니라 담력도 남달랐다. 기원전 210년 진시황이 남쪽을 순회하다가 회계산會稽山(지금의 저장 성 사오싱紹興)에 이르렀을 때, 항우는 항량과 함께 인파 속에서 구경을 하고 있었다. 당시 23세였던 항우는 흥분한 나머지 자기도 모르게 “내가 너를 대신하겠다”라고 말해 놀란 항량이 그의 입을 틀어막아야 했다.

이런 무모한 청년에게 군수를 죽이는 일쯤은 누워서 떡 먹기였을 것이다.

항량은 군수의 수급을 드는 동시에 군수의 인수印綬를 허리에 달았다. ‘인’은 관인을, ‘수’는 관인의 꼭지에 달린 끈을 뜻한다. 진나라와 한나라의 제도에서는 관리마다 하나씩 관인을 갖게 했다. 선임 관리와 후임 관리가 모두 똑같은 관인 하나를 쓰게 한 훗날의 관례와는 달랐다. 그런데 항량은 조정에서 임명한 관리가 아니어서 관인이 없었으므로 어쩔 수 없이 우선은 죽은 군수의 관인을 사용했다.

이 관인을 얻고서 항량은 스스로 회계군수를 맡고 항우를 비장裨

2 이 역사적 사실의 기록과 관련해 중화서국판『사기』와 왕보샹王伯祥의『사기선史記選』에서는 모두 “學書不成, 去學劍, 又不成”이라고 표점을 찍었는데 타당하지 않다. “學書不成, 去. 學劍, 又不成”이라고 해야 할 듯하다.

將(비장은 부장군을 뜻한다)으로 임명했다. 이때는 죽은 군수의 부하와 시종 100여 명이 벌써 항우에게 몰살당한 뒤였다. 포악한 진나라에 대항하는 것은 당시 누구나 지향하던 바였다. 그래서 오 현의 아래위 모든 사람이 항량을 옹호했다.

항량은 반란에 성공했다.

반란에 성공한 항량은 나중에 대단히 현명한 조치를 단행했다. 범증의 건의를 받아들여 초 회왕의 손자를 초왕으로 옹립한 것이다. 그것은 그가 반란을 일으킨 지 9개월 뒤, 즉 진나라 이세 황제 2년 6월의 일이었다. 그때는 진승의 죽음이 이미 사실로 알려지고 진승의 부하가 따로 옹립한 초왕도 전투에서 패해 사망한 상태였다. 항량의 초왕 옹립은 그 공백을 메우고 기치를 넘겨받은 것이나 다름없었다.

기치는 정치적 방향이자 힘이다. 반진反秦의 사업은 이때부터 더 큰 규모로 격렬하게 전개되었다.

사실 그 전에도 항량의 세력은 계속 커지고 있었다. 본래 각지에 흩어져 있던 반란군과 그 장수들이 속속 항량에게 모여들었다. 그중 일부는 훗날 풍운을 질타하는 영웅이 되었다.

영포를 예로 들어보자.

영포는 육六 현(지금의 안후이 성 루안六安) 사람으로 본래 평민이었다. 나중에 법을 어겨 얼굴에 먹으로 글자를 새겨 넣는 '경형'을 받아 '경포黥布'라고도 불렸다. 영포가 이끌던 부대는 병사들이 주로 산적 출신이었지만 용감하고 싸움을 잘했다. 영포 본인은 우선 항우에 의해 구강왕九江王에 봉해졌다가 그다음에는 유방에 의해 회남왕에 봉해졌지만 결국 유방에게 피살되었다.

영포의 가세는 대단히 중요했다.

그러나 가장 중요한 인물은 역시 유방이었다.[3]

3 영포가 먼저 가세했고 뒤이어 유방이 가세했으며 그다음에 초 회왕을 세웠다.

유방의 등장

유방도 진나라 이세 황제 원년 9월에 반란을 일으켰다.

항우가 귀족 출신의 건달이었다면 유방은 평민 출신의 불량배였다. 그의 부모는 각기 태공太公과 유온劉媼이었다고 하는데 사실은 그저 유씨 아저씨, 유씨네 아주머니로서 이름 없는 서민에 불과했다.

유방 자신은 "젊은 시절에 자字가 계였고 즉위 후 방邦으로 개명했다小字季, 卽位易名邦"[4]고 한다. '계'도 자가 아니라 형제들의 항렬에서 가장 밑이라는 뜻이었다. 따라서 '유계'는 곧 '유씨네 막내'였다.[5]

유씨네 막내의 출생은 매우 미심쩍다.

정사正史에 의하면 어느 날 유씨네 아주머니가 호숫가에서 잠이 들었다가 꿈속에서 신을 만나 사랑을 나누었다고 한다. 그때 천둥번개가 치고 하늘이 온통 컴컴해졌다. 유씨 아저씨가 놀라 달려가 보니 한 마리 교룡이 아내의 몸 위에 웅크리고 있었다.

4 『사기』「고조본기」의 당나라 사마정司馬貞 해설 참고.

5 옛날 사람들은 백伯, 중仲, 숙叔, 계季의 순서로 항렬을 매겼다. 백은 첫째, 중은 둘째, 숙은 셋째, 계는 넷째 혹은 막내였다. 그래서 유방의 큰형은 유백, 둘째 형은 유중이었으며 셋째 형은 없었다. 즉 유계는 유씨네 막내였던 것이다. 이런 까닭에 유방의 이름과 겹치는 것을 피해 '방邦'을 '국國'으로 고치면서도 계에 대해서는 별도의 조치가 없었다.

결국 유씨네 아주머니는 임신을 하여 막내를 낳았다.[6]

이것은 물론 허무맹랑한 이야기다.

이런 이야기는 왕조의 초대 제왕들이 역사 날조를 위해 흔히 쓰던 수단이었다. 자신의 운명을 하늘과 연관시켜 하늘이 자신에게 군권을 주었음을 증명하려 했다. 하지만 거짓말이 지나치면 허점을 드러내기 마련이다. 아마 유씨 아저씨는 그때 뭔가를 보긴 보았을 것이다. 하지만 그가 본 것이 절대로 용은 아니었을 것이다.

이 사람이 바로 유방 또는 유씨네 막내 또는 유계이다.

실제로 반란을 일으키기 전까지 유방은 확실히 유계라고 불렸을 것이다. 그 후로 신분의 변화에 따라 순서대로 패공沛公, 한왕漢王, 황제, 고조라고 불렸다. 하지만 독자들의 편의를 위해 이 책에서는 일률적으로 유방이라고 칭할 것이다.

젊은 시절에 유방은 하는 일 없이 빈둥거리면서도 남에게는 척척 돈을 잘 쓰는 한량이었다. 그래서 술집에 외상이 밀려 주인에게 늘 대나무 멜대로 얻어맞곤 했다.

하지만 유방은 진승보다는 운이 좋았다. 성년이 된 후에 뜻밖에도 사수泗水(지금의 장쑤 성 페이沛 현 동쪽)의 정장이 된 것이다. 진나라 제도에서는 10리가 1정, 10정이 1향이었다. 정장은 향장보다 훨씬 낮은 기층 간부로서 중앙에서 파견하는 '관官'이 아니라 국가의 편제에 속하지 않는 현지의 '이吏'에 불과했다.

6 『사기』「고조본기」 참고. 이하 동일 출처의 내용은 주를 생략.

그러나 '이'가 되는 것도 쉬운 일은 아니었다. 앞에서 말한 대로 진나라의 제도에서는 현급 이상에만 '유관'을 배치하고 그 아래로는 현지인을 이로 채용했다. 그런데 이가 되려면 반드시 재산이나 덕행이 많아야 했다. 예를 들어 한신은 "집안이 가난하고 덕행이 없어서家貧無行" "이로 추천되지 못했다不得推擇爲吏".[7] 그렇다면 유방은 어떻게 정장이 된 것일까?

이것은 일종의 수수께끼다.

사실 정장은 그렇게 좋은 직책이 아니었다. 넓은 지역을 관리하면서도 온갖 자질구레한 민사소송을 다 처리해야 했다.[8] 권한은 크지 않은데 일은 많고 번거롭기만 해서 소위 잘나가는 집 자식들은 거들떠보지도 않았고 착실한 지주들도 감당하기 힘들었다. 그래서 유방 같은 불량배에게 딱 어울렸다.

유방 자신은 아주 환호하며 그 일을 맡았던 것 같다. 심지어 대나무 껍질로 없는 모자까지 만들어 그럴싸하게 쓰고 다녔다. 그런데 유방은 이것 말고는 별로 관리 같아 보이지 않았다. 여전히 히죽대며 술과 도박을 즐기고 술집에 외상을 지고 다녔다. 한나라의 태사太史(사관)조차 그의 전기를 적으면서 그의 가장 큰 장기가 "술과 여색을 즐기는 것好酒及色"이었음을 인정하지 않을 수 없었다.

확실히 유방과 관련해서는 무슨 교훈이 될 만한 이야기를 날조하기가 어려웠다.

7 『사기』「회음후열전」 참고.

8 『사기』「고조본기」에 대한 당나라 장수절張守節의 풀이를 보면 정장이라는 직책은 "백성들에게 송사가 있을 때 그것을 바르게 처리하여 업무를 완성했다民有訟爭, 吏留平辨, 得成其政"고 한다.

그러나 유방은 타고난 재능이 남달랐다. 특히 이해력이 뛰어났다. 장량張良이 병법을 설파하고 아이디어를 냈을 때 다른 사람들은 다 갈피를 못 잡고 있는데 유방만 즉시 알아들었다. 장량은 유방이 천재임을 인정하고 평생 그를 위해 일했다.[9]

더구나 유방은 과감한 인물이었다. 정장으로 일할 때 노역을 하는 죄수들을 리산驪山산으로 압송하게 되었는데 중간에 도망치는 사람이 적지 않았다. 이때 유방은 아예 그들의 포승을 풀어주며 말했다.

"모두 가거라. 나도 이 길로 도망치면 그만이니."

실로 영웅의 기개가 느껴지는 한마디다.

대장부라면 물론 과감하게 결정을 내리고 그 결정에 모든 것을 내걸 수 있어야 한다. 그리고 이런 사람이 혹시 난세를 만나면 마치 물 만난 고기와도 같을 것이다.

이세 황제 원년 9월이 바로 그런 때였다.

진승과 오광의 반란 소식이 패 현까지 전해지자 패 현의 현령은 안절부절못했다. 그들의 반란에 호응한 다른 군현의 백성들이 군수와 현령을 잡아 죽이고 있었기 때문이다. 그래서 패 현 현령은 진승에게 가담하기로 결정했다.

그러나 애석하게도 패 현의 현령은 끝내 뜻을 이루지 못했다.

그가 뜻을 이루지 못한 것은 소하와 조참曹參 때문이었다. 이 두 사람은 훗날 한나라의 개국공신이 되지만 당시에는 패 현의 아전이었

9 『사기』「유후세가留侯世家」

다. 그들은 현령에게 말했다.

"대인께서는 본래 진나라의 관원인데 지금 군대를 일으켜 진나라에 저항한다면 사람들이 과연 복종할까 염려됩니다. 반란을 일으키려면 도와줄 사람을 더 찾으셔야 합니다."

그래서 현령은 당장 유방을 찾아오라고 명했다.

명을 받들어 유방을 찾아 나선 사람의 이름은 번쾌樊噲였다. 이 사람 역시 훗날 한나라의 개국공신이 되지만 그때는 개를 잡는 백정이었다. 사람은 유유상종이어서, 죄수들을 풀어주고 정장직을 잃은 유방이 어디 숨어 있는지는 당연히 번쾌 같은 사람만 알고 있었다.

유방은 흔쾌히 은거지에서 나왔지만 현령은 그새 생각이 바뀌었다. 유방이 성으로 들어오면 자기가 상황을 통제하지 못할까봐 두려웠던 것이다. 그는 성문을 굳게 잠그고 소하와 조참을 죽이려 했다.

하지만 그 당시 패 현은 더 이상 현령이 진나라의 위세를 등에 업고 좌지우지할 수 있는 곳이 아니었다. 소하와 조참은 성을 탈출해 유방과 회합을 가졌고 유방은 곧 한 통의 편지를 화살에 매어 성 안으로 쏘아서 사람들에게 반란을 호소했다. 그가 패 현 사람들에게 호소한 글귀는 진승의 그 말과 같았다.

천하가 진나라 때문에 오랫동안 고통받았다!

그래서 패 현 사람들은 현령을 죽이고 성문을 활짝 열어 유방을 맞아들였다.

이렇게 패 현에도 반란이 일어났다.

남은 문제는 누가 리더가 되어 앞장을 서느냐는 것이었다. 유방이 양보했지만 아무도 감히 나서지 못했다. 소하와 조참은 선비였다. 선비는 반란의 리더로 부적합했다. 번쾌는 가능할 수도 있었지만 명망이 부족했다. 이렇게 잠시 서로 미루다가 결국 유방이 사람들의 권유를 받아들였다.

이때부터 유방은 패공이라 불렸다.

이런 과정은 항량의 예와 흡사했다. 항량은 반란을 일으킨 후, 병사들을 이끌고 강동에서 강서로 넘어가 진영陳嬰의 부대와 손을 잡았다. 진영은 본래 동양東陽 현(지금의 장쑤 성 쉬이盱眙)의 서기였다. 동양 현의 백성들은 반란을 일으킨 뒤, 그의 등을 떠밀어 반란군의 수령이 되게 했다.

진영이 항량과 손을 잡자, 동양 현 사람들은 이번에는 그에게 왕이 되라고 요구했다. 당시 진영의 병력은 2만 명이고 항량의 병력은 8000명이었으므로 이치대로라면 진영이 윗사람이 되는 게 옳았다. 그러나 진영은 필사적으로 거부했다. 자기 어머니에게 이런 말을 들었기 때문이다.

"폭력으로 유명해지는 것은 좋은 일이 아니다. 그냥 뒤에서 따라가는 것이 낫다. 성공하면 제후가 될 수 있고 실패해도 도망치기 쉬우니까 말이다."

그래서 항량을 리더로 삼았다.

바로 그때 영포가 항량의 대오에 합류했다.

그 후 유방도 미약한 세력 때문에 합류했다. 그 전에 항량은 이미 진승의 옛 부하들과 영토를 흡수하고 하비下邳(지금의 장쑤 성 쑤이닝睢寧), 팽성彭城(지금의 장쑤 성 쉬저우徐州), 호릉胡陵(지금의 산둥 성 위타이魚臺), 설薛(지금의 산둥 성 텅저우滕州), 양성襄城(지금의 허난 성 샹청襄城)을 차지했다. 여기에 유방까지 가세했으니 그야말로 범이 날개를 얻은 격이었다.

영포와 유방을 얻은 데다 초 회왕을 앞에 내세운 덕에 항량은 파죽지세로 세력을 넓혀나갔다. 항보亢父(지금의 산둥 성 지닝濟寧)를 취하고, 동아東阿(지금의 산둥 성 양구陽谷)를 구하고, 성양城陽(지금의 산둥 성 허쩌菏澤)을 도륙하고, 복양濮陽(지금의 허난 성 푸양濮陽)에 침입하고, 옹구雍丘(지금의 허난 성 치杞 현)를 약탈하고, 정도定陶(지금의 산둥 성 딩타오定陶)를 공격했으며 여러 차례 진나라군을 격파하여 이유李由(승상 이사의 아들)의 목숨을 빼앗았다. 중원의 절반이 그의 수중에 들어간 셈이었다.

진 제국의 상황은 대단히 심각했다. 이세 황제 2년 6월이 되어서는 과거의 여섯 나라가 다 회복되었다. 게다가 연왕 한광을 제외하고 제왕 전시田市, 조왕 조헐趙歇, 위왕 위표魏豹, 한왕 한성韓城, 초왕 미심芈心은 다 옛 왕족이었다. 진시황이 이룬 위업은 다 수포로 돌아갔고 그의 기반도 거의 무너졌다. 이제 제국은 언제 망해도 이상하지 않은 지경이 되었다.

더 비극적인 것은 그들 자신도 멸망을 재촉했다는 사실이다.

죽음을 자초한
이세 황제

제국의 멸망을 재촉한 사람은 호해, 조고, 이사, 이 세 명이었다.

먼저 이사에 관해 이야기해보자.

앞에서 말한 대로 호해의 측근들은 좋은 일만 보고하고 나쁜 일은 보고하지 않았다. 그러나 일이 커질 대로 커져서 감추려야 감출 수 없게 되었다. 각지에서 반란이 속출하고 있다는 소식이 마침내 셴양궁까지 흘러들어갔다. 하지만 호해는 여느 때처럼 책임을 지지 않았다. 대신 승상의 무능을 가차 없이 야단치며 대책을 내놓으라고 했다.[10]

이때 이사는 어리석은 판단을 했다.

이사가 내놓은 대책은 군주독재를 강화하고 백성들의 부담을 늘리는 한편 형법을 더 가혹하게 적용하는 것이었다. 관리와 백성이 딴 생각을 하지 못하게 몰아붙여야 한다는 것이 그의 생각이었다.

그것은 정말 어처구니없는 논리였다!

10 이번 절의 이사, 호해, 조고에 관한 사적은 『사기』의 「이사열전」과 「진시황본기」를 번갈아 참고했다. 이하 동일 출처의 내용은 주를 생략.

그러나 호해는 크게 기뻐했다.

이사는 왜 그런 대책을 내놓았을까? 황제의 비위를 맞추기 위해서였을 수도 있고, 정말 뾰족한 수가 없어서였을 수도 있다. 어쨌든 그 결과는 매우 심각했다. 닥치는 대로 세금을 거둬오면 유능한 관리로 간주되었고 또 사람을 많이 죽이면 충신으로 간주되었다. 길을 가는 행인들 중 절반은 형벌을 받아본 사람이었으며 셴양의 거리에는 시체들이 나뒹굴었다. 본래 천하가 진나라 때문에 오랫동안 고통받아왔는데 이제 그 고통이 더욱 심화되어 백성들의 원망이 하늘을 찔렀다. 이사는 폭군의 학정을 부채질해 천하 사람들을 다 적으로 돌려버린 셈이었다.

폭군의 학정을 도운 자의 말로는 단두대행밖에 없다.

이세 황제 2년 6월, 항량이 미심을 초왕으로 옹립했다. 그해 말, 호해는 이사를 하옥하고 형을 집행하라고 명했다. 공개적인 죄명은 "도적의 소탕에 힘쓰지 않았다剿匪不力"는 것이었지만 실질적인 죄명은 "도적과 내통하여 모반하려 했다通匪謀反"는 것이었고 사건을 맡은 책임자는 조고였다.

조고는 일찍부터 이사를 모함할 생각을 품고 있었다.

이사와 조고는 본래 같은 부류가 아니었다. 단지 진시황이 사구沙丘(지금의 허베이 성 광쭝廣宗)에서 병사했을 때 부소를 폐하고 호해를 옹립하기 위해 비로소 손을 잡았을 뿐이다. 둘은 공범이었지 동지는 아니었다.

오히려 이사와 조고는 전국에 반란의 물결이 출렁일 때에도 서로 암투를 벌이고 있었다. 다만 상대적으로 조고가 더 악랄하고 호해도 조고를 더 총애했다.

호해의 약점을 잘 알고 있던 조고는 그에게 이런 말을 했다.

"당시 사구에서의 모의에 승상도 참여하였습니다. 그런데 폐하가 황제가 된 후에 승상은 왕도 후도 되지 못했으니 무슨 생각이 없겠습니까?"

호해는 가슴이 철렁하여 계속 귀를 기울였다.

"승상 이사는 어디 사람입니까? 초나라인입니다. 반적 진승은 또 어디 사람입니까? 역시 초나라인입니다. 그리고 승상의 장남 이유는 삼천三川의 군수이면서도 여태껏 반적 소탕에 적극적으로 나선 적이 없습니다. 이런 것들이 과연 무엇을 뜻하겠습니까?"

호해는 또 가슴이 철렁했다.

조고의 이런 모함이 거듭된 결과로 이사는 결국 감옥에 갇히고 말았다. 하지만 이사는 스스로 부끄러운 점이 없었으므로 자신의 결백이 밝혀지리라고 생각했다. 그래서 그는 호해에게 편지 한 통을 썼다. 그 편지는 겉으로는 죄를 인정하는 것 같지만 실제로는 사실무근임을 밝히는 내용이었다.

그러나 다 소용없는 일이었다. 조고는 그 편지를 바닥에 내던지며

차갑게 외쳤다.

"한낱 죄수 따위가 편지를 올리다니!"

이사는 죽는 수밖에 없었다.

이사는 다섯 가지 형벌로 다스려져 셴양의 저잣거리에서 허리가 잘렸다. 다섯 가지 형벌로는 얼굴에 먹으로 글자를 새겨 넣고, 코를 베고, 발꿈치를 자르고, 목숨을 빼앗는 것 외에 혀를 자르는 것이 더해졌다. 이사가 '비방죄'를 범했기 때문이라고 했다. 물론 허리를 자르기 전에 흠씬 두들겨 패기도 했고 허리를 자른 뒤에도 형장에서 시신을 난도질했다.

전해오는 이야기에 따르면 이사는 형을 받기 전에 둘째 아들에게 이런 말을 했다고 한다.

"내가 너와 함께 다시 누런 개를 몰고 동문 밖으로 나가 토끼를 사냥하고 싶은데 그럴 수 있을까?"

물론 그럴 수 없었다.

일대의 명재상 이사는 이렇게 모함을 당해 죽었다. 그가 진나라를 위해 세운 공도 제국에 의해 모조리 잊혔다. 그는 억울한 피해자였으니 쉽게 눈감지도 못했을 것이다. 하지만 그는 반드시 알아둬야만 했다. 자신의 법가사상에 의해 만들어진 제국이 얼마나 비인간적이었는지를. 그것은 거대한 분쇄기나 다름없었다. 그 분쇄기 속에서는 누구도 안전한 느낌을 가질 수 없었다. 또한 과거를 돌아보면 저 희대의 천재 한비韓非도 모함을 당해 죽었다. 그때 한비를 모함한 사람이 누구였던가? 바로 이사였다. 모함의 수법도 조고와 전혀 다르지 않았다. 아마도 이사는 죽기 직전에 그 오랜 죽마고우를 떠올렸을 것이다.

이사가 죽고 그다음 차례는 호해였다.

호해는 궁정 쿠데타를 일으킨 조고에게 핍박을 받아 죽었다. 당시 조고가 이미 이사를 대신해 승상이 되었고 유방의 부대는 무관武關(지금의 산시陝西 성 단펑丹鳳)을 공격해 함락시킨 상태였다. 호해는 그야말로 고아나 다름없는 신세였다. 이때 조고의 패거리가 궁정에 난입해 호해의 죄를 일일이 열거하며 자살을 강요했다.

호해가 말했다.

"승상을 한번 만날 수 없겠느냐?"

패거리의 우두머리가 말했다.

"만날 수 없소."

호해가 또 말했다.

"내게 군郡 하나를 주고 왕이 되게 해줄 수는 없느냐?"

"안 되오."

호해는 포기하지 않았다.

"1만 호戶를 다스리는 후侯도 안 되겠느냐?"

"안 되오."

"그냥 백성이 되는 것도 안 되겠느냐?"

"그만 좀 하시오! 나는 승상의 명을 받들어 천하를 위해 귀하를 죽이러 온 것이오. 귀하가 아무리 이야기해도 어쩔 수 없소."

호해는 자살할 수밖에 없었다.

죽기 직전, 호해의 곁에는 달랑 환관 한 명만이 남아 있었다고 한다. 호해는 그에게 물었다.

"일이 이 지경에 이른 것을 너는 알고 있었느냐?"

환관은 말했다.

"알고 있었사옵니다."

"그런데 왜 진작 내게 말해주지 않았느냐?"

"감히 그럴 수 없었사옵니다. 만약 그랬다면 소신이 오늘까지 살아 있을 수 있었겠습니까?"

호해는 한 마디도 하지 못했다.

그렇다. 어떤 사람이 한 마디의 진실한 말도 듣지 못한다면 어떻게 실패하지 않을 수 있겠는가? 또한 어떤 정권이 누구도 감히 입을 열지 못하게 만든다면 어떻게 무너지지 않을 수 있겠는가?

사실 호해도 본래 그렇게 어리석은 자가 아니었다. 과거에 조고가 그에게 거짓 조서로 제위를 찬탈하라고 종용했을 때 그는 한사코 거부했다.

"형을 폐하고 아우를 세우는 것은 불의이고 부친의 명을 따르지 않는 것은 불효이며 속임수로 남을 속이는 것은 무능이오. 설령 황위를 얻더라도 천하가 불복하고 자신도 보전하기 어려우며 나라도 위태로워질 것이오!"

이토록 총명했던 인물이 어째서 나중에는 그렇게 정신이 흐려졌을까?

마찬가지로 이사가 죽은 뒤의 진 제국도 본래 희망이 전혀 없지는 않았다. 이사가 없어도 아직 장한이 있었기 때문이다.

불행히도 장한 역시 조고에게 용납되지 못했다.

더 불행했던 것은 장한이 자신보다 더 용감하고 전투에 능한 인물과 만났다는 사실이다. 그는 바로 항우였다. 그들이 자웅을 겨룬 곳은 거록巨鹿(지금의 허베이 성 핑샹平鄕)이었다.

거록대전

거록은 장한의 워털루였다.

장한은 제국이 가장 위험한 고비를 맞았을 때 명을 받았다. 그 전에 그는 소부少府라는 관직을 맡아 숲과 호수에서 나오는 세금을 관장하고 있었다. 당시 진승 휘하의 한 부대가 함곡관을 돌파하고 희戲(지금의 산시陝西 성 시안西安 린퉁臨潼 구 동쪽) 지역까지 진군해 곧 셴양에 들이닥칠 기세였다. 그 위기 상황에서 이세 황제 호해는 부득이 장한을 장군으로 기용하여 그들을 상대하게 했다.

이때 호해는 그나마 현명한 판단을 내린 셈이었다.

장한은 확실히 군사적 천재였다. 전장에 나서자마자 연전연승을 거두고 성보에서 진승을 죽였으며 임제臨濟(지금의 허난 성 펑추封丘)에서 위구를 멸하는가 하면 정도에서는 항량을 격파했다. 당시 임제에서는 제왕 전담과 초의 장군 항타項它가 위왕 위구의 요청으로 합류하여 함께 장한과 싸웠다. 그 결과는 어땠을까?

전담은 전사하고 위구는 자살했다.[11]

장한은 분명히 일대의 명장이었다.

그러나 항량과 싸워 이기는 것은 쉽지 않았다. 임제 전투 이후, 항량은 초나라군을 이끌고 계속 전투를 벌여 동아, 복양, 정도에서 장한의 군대를 연파했다. 항우도 유방과 함께 옹구에서 진나라군을 격파하고 이사의 아들 이유까지 살해했다. 이때까지만 해도 장한의 승리를 점칠 만한 이유가 전혀 없었다.[12]

항량 자신도 그렇게 생각했다.

실제로 연이어 승리를 거두면서 항량은 장한을 별로 대수롭지 않게 생각했다. 장한의 이야기가 나올 때마다 무시하는 표정을 지었다. 하지만 그는 장한이 결코 포기하지 않는 인물임을 몰랐다. 이세 황제가 장한에게 대규모 병력을 증원해준 사실도 몰랐다. 그 결과, 장한은 수세를 우세로 전환해 정도에서 초나라군을 대파했고 항량은 전장의 이슬로 사라졌다.

초나라군을 격파한 장한은 그 여세를 몰아 황하를 건너 조나라 국경을 위협했다. 당시 본래의 조왕 무신은 이미 사망했고 새로운 조왕은 조헐이었다. 장이와 진여는 각기 재상과 장군이었다. 조나라군이 장한에게 여지없이 패하자 조헐, 장이, 진여는 거록성으로 도망쳐 초왕에게 계속 구원을 요청했다.

11 『사기』의 「진시황본기」와 「위표팽월열전」 참고.

12 이하 주가 생략된 내용은 모두 『사기』 「항우본기」 참고.

입술이 없으면 이가 시리기 마련이니 초 회왕은 그냥 두고 볼 수가 없었다.

문제는 항량이 이미 죽은 마당에 누가 군대를 이끄느냐는 것이었다.

초 회왕은 송의宋義를 택했다.

송의라는 인물은 과거에 초나라에서 영윤令尹(승상)을 지낸 적이 있었다. 그는 얼마 전에 항량에게 적을 우습게 알면 안 된다고 충고했고 항량의 패배를 예측하기도 했다. 심지어 제나라에 사신으로 가는 도중에 마주친 제나라 사신에게 이런 말을 하기도 했다.

"대인께서는 천천히 가십시오. 늦게 가야 요행히 액운을 면할 수 있습니다. 정도에 일찍 도착하면 목숨을 잃게 될 겁니다."

이런 선견지명이 있었으니 송의는 군사에 밝았음이 틀림없다.

그래서 초 회왕은 송의를 상장군에 임명하고 항우는 차次장군, 범증은 말末장군으로 삼아 조나라를 구하러 가게 했다. 이 밖에 다른 부대들도 전부 송의의 휘하에 귀속되어 그는 '경자관군卿子冠軍'이라는 존호로 불렸다. 이는 제후의 자제 신분과 맞먹는 상장군을 뜻했다.

그런데 항우는 그를 마음에 안 들어했다.

송의도 남에게 깔보일 만한 행태를 보인 듯하다. 군대를 이끌고 안양安陽(지금의 산둥 성 차오曹 현)에 도착한 뒤, 그는 무려 46일이나 꼼짝 않고 그곳에 주둔했다. 먼저 사태의 추이를 살피다가 조나라군과 진나라군이 먼저 싸운 뒤에 움직이자는 것이 그의 생각이었다. 물론 진나라군이 조나라군에 패하고 나서 가담하는 편이 가장 좋고, 조나라군이 패하더라도 그때는 진나라군도 지쳐 있을 테니 그 틈을 파고들면 수월하게 이길 수 있으리라는 것이었다.

그래서 송의는 군대 일은 팽개치고 매일 술자리만 벌였다.

항우는 더 이상 참을 수 없었다.

그가 보기에 송의의 생각은 잠꼬대나 다름없었다. 진나라군이 강력해서 조나라군은 전혀 적수가 되지 못하는데 어떻게 승리의 과실을 나눠 갖겠다는 것인가? 그리고 조나라를 멸하면 진나라군은 더 강해질 것이 뻔한데 어떻게 더 좋은 기회를 잡을 수 있겠는가? 적이 지친 틈을 파고든다는 건 그야말로 헛소리였다!

더구나 조나라는 구원군이 오기만을 눈이 빠지게 기다리고 있었고 초 회왕은 사직이 염려되어 좌불안석이었다. 그뿐만이 아니었다. 당시 큰비가 억수같이 쏟아지는 바람에 병사들은 추위와 배고픔에 시달리면서도 겨우 콩과 채소만 먹으면서 버티고 있는 상황이었다. 그런데도 송의는 속 편하게 술잔이나 기울이고 있었다!

더 어처구니없었던 것은 송의가 내린 명령이었다. 그는 "우리 군사들이 호랑이처럼 용맹하기는 해도 양처럼 사납고 이리처럼 탐욕스러우니 내 지시를 어기면 목을 벨 것이다"라고 했다.

항우는 이 명령을 결코 받아들일 수 없었다.

 그의 대응은 간단했다. 단칼에 송의의 목을 벴다.

이에 대해 아무도 이의를 제기하지 않았다.

초 회왕도 별 수 없이 그를 상장군으로 임명했다.

상장군이 된 항우는 즉시 영포 등에게 군사 2만 명을 데리고 서둘러 거록을 구원하라고 명한 뒤, 친히 전군을 지휘해 황하를 건넜다. 또 황하를 건넌 뒤에는 배를 다 가라앉히고 밥 짓는 솥을 깨뜨리는 한편, 머무를 집도 죄다 불살라버리라고 명했다. 그렇게 겨우 사흘 먹을 식량만 병사들에게 남겨 결사의 각오를 다졌다.

여기에서 나온 고사성어가 바로 파부침주破釜沈舟다. 밥솥을 부수고 배를 침몰시킨다는 뜻인데 퇴로를 없애면서까지 필사적으로 임하는 태도를 가리킨다.

'파부침주'한 초나라군은 밤낮으로 쉬지 않고 북상하여 전장에 닿자마자 적의 방어선을 뚫고, 보루를 허물고, 보급로를 끊고, 전열을 흐트러뜨렸다. 그 결과, 진나라의 장군 소각蘇角이 살해되고 왕리王離는 포로가 되었으며 섭한涉閑은 불 속에 뛰어들어 자살했다. 이렇게 거록은 포위에서 벗어났다.

항우는 이 전투로 명성을 얻었다.

그렇다. 항우가 진정으로 역사적 인물이 된 기점은 바로 이 전투였다. 당시 구원하러 온 각 제후들이 거록성 밖에 쌓아올린 보루는 무려 십여 채 이상이었다. 그들은 진나라군과 초나라군이 싸울 때 보루 위에서 그 광경을 지켜보았다. 천지를 뒤흔드는 초나라군의 함성과

날카로운 기세를 접하고 제후들은 두려워 숨조차 쉬지 못했다. 전투가 끝나고 항우를 만나러 갔을 때, 그들은 하나같이 땅 위에 엎드려 전전긍긍했다.

그래서 항우는 명실상부한 제후 연합군의 총사령관이 되었다.

그해에 그는 스물다섯 살이었다.

이제 장한의 뒷이야기를 살펴볼 차례다.

장한이 패했다는 소식이 셴양에 전해지자 호해는 대로하여 질책하는 명령을 연달아 하달했다. 장한이 해명을 위해 셴양으로 사람을 보냈지만 조고는 접견을 거절했다. 이때 장한의 부하 사마흔司馬欣이 말했다.

"조고는 우리를 가만두지 않을 겁니다. 이겼어도 질투를 했을 것이고 패했으니 죄를 다스릴 겁니다. 장군께서는 어떻게 해야 할지 거듭 생각해보시기 바랍니다."

진여도 장한에게 편지를 보내 말했다.

"진나라는 냉혹하고 무정하기 그지없습니다. 생각해보십시오. 백기와 몽염이 일찍이 얼마나 많은 공을 세웠습니까? 그런데 어찌 되었습니까? 죽음을 당했습니다. 왜 그랬을까요? 공이 너무 커서 분봉을 하기 어려워 억지로 죄를 뒤집어씌운 겁니다. 지금 장군은 공이 있어도 죽고 공이 없어도 죽을 처지인데 왜 바른 길을 택하지 않는 겁니까? 설마 하늘이 진나라를 버린 것을 모르는 겁니까?"

그래서 장한은 투항했다.

이미 군량이 떨어진 항우도 장한과 화해하기로 결정했다. 두 사람은 약속을 잡고 만나서 서로의 속마음을 털어놓았다. 조고의 이름이 언급되었을 때 장한은 눈물이 북받쳐 말을 잇지 못했다.

항우는 이 과거의 적수를 위로했다. 그는 장한을 옹왕雍王으로 세우고 계속 군에 남아 일하게 해주었다. 옹은 지금의 산시 성 펑샹으로 춘추시대에 한때 진나라의 도읍이었다. 따라서 옹왕은 사실 진왕이었다.

장한은 물론 그것이 공수표에 그치리라고는 생각지 못했을 것이다. 항우가 주기로 한 그 땅은 얼마 후 유방의 것이 되었다.

패공의 진나라 입성

유방은 진나라 이세 황제 3년 10월에 셴양에 입성했다.[13]

이 일은 사연이 꽤 길다. 항량이 전사한 뒤, 초 회왕은 팽성으로 천도하여 연석회의를 열고 서쪽으로 진나라를 침공하기로 결정했다. 아울러 장군들에게 약속하길, 누구든 가장 먼저 관중關中(웨이허渭河 강 유역 일대로, 진나라의 본래 영토를 뜻함)을 평정하는 사람을 그곳의 왕으로 삼겠다고 했다.[14]

회왕의 이 말은 너무 거창했다. 당시 제후들은 아직 약했던 반면, 진나라는 여전히 강했고 장한의 위세도 대단해서 "가장 먼저 관중을 평정하는 사람을 그곳의 왕으로 삼겠다"는 것은 가능성이 희박한 빈말로 여겨질 만했다.

이 말에 호응한 사람은 항우와 유방뿐이었다. 그리고 더 적극적인 쪽은 항우였다. 그는 말했다.

13 이달부터 『사기』 등의 사서는 모두 '한 원년漢元年'으로 개칭.

14 이하 주가 생략된 내용은 모두 『사기』의 「항우본기」와 「고조본기」 참고.

"제가 가겠습니다. 제가 패공과 함께 가겠습니다!"

하지만 회왕 휘하의 나이든 장군들은 생각이 달랐다.

"항우는 너무 사납고 잔인합니다. 가는 곳마다 살인과 방화와 약탈을 일삼습니다. 지난번에 양성을 도륙할 때 단 한 명도 살려두지 않았습니다. 이어서 성양에서도 마찬가지였습니다. 진나라의 백성들은 폭정으로 이미 충분히 고통을 당했습니다. 여기에 고통을 더 얹어줘서야 되겠습니까? 덕망 있는 연장자를 보내는 것이 좋겠습니다. 인仁으로 폭력에 대항한다면 아마도 천하를 평정할 수 있을 겁니다."

그들의 의견은 옳았다. 나중에 항우가 셴양의 궁궐을 불사르고 가는 곳마다 남김없이 파괴를 일삼아 진나라인들을 크게 실망시킨 것이 그 증거다.

그러면 유방은 어땠을까?

유방도 물론 덕망 있는 연장자는 아니었다. 항우가 성양을 도륙할 때 그도 공범 역할을 했다. 하지만 그의 방식은 확실히 항우와는 달랐다. 유방은 진나라에 진입한 뒤, 전혀 물의를 일으키지 않았다. 현지 백성들이 병사들을 위로하기 위해 바친 술과 고기도 전부 돌려줬을 정도였다. 당시 유방은 이렇게 말했다.

"우리 부대는 식량과 마초가 충분하니 감히 여러분께 폐를 끼칠 수 없습니다."

이 일은 정말 백성들을 기쁘게 했다. 또한 그들을 더 기쁘고 놀라게 했던 것은 유방이 제국의 모든 형법을 폐지하겠다고 선포한 사실이었다. 유방은 말했다.

"모든 분이 지금까지 정말 힘든 나날을 보내셨습니다. 이제 여러분에게 세 가지 법을 약조하겠습니다. 살인죄는 목숨으로 대가를 치르게 하고 상해죄와 절도죄는 형을 판결하겠습니다. 이것이 전부입니다. 다들 안심하십시오. 이 유계는 양민을 안정시키고 폭도를 제거하러 온 것이지 힘을 믿고 약자를 능멸하러 온 것이 아닙니다."

이 말에 백성들이 얼마나 환호했을지 상상하는 것은 그리 어렵지 않다.

유방은 진나라의 관리들에 대해서도 보복을 삼갔다. 진나라 왕자 자영子嬰을 적절한 곳에 거주하게 해주었고 각 부서의 하급 관리들도 평소처럼 일하게 해주었으며 일반 백성들은 더 편안하게 생업에 종사하도록 배려했다. 그래서 진나라인들은 "오직 패공이 진왕이 못 될까 두려워했다唯恐沛公不爲秦王."

그러면 유방의 성공은 정말 "어진 사람에게는 대적하는 자가 없다仁者無敵"라는 말의 본보기였을까?

그렇기도 하고 그렇지 않기도 했다. 적어도 꼭 그렇지만은 않았다.

사실 유방은 처음 셴양궁에 들어갔을 때 그곳을 떠나고 싶지 않았다. 휘황찬란한 보물과 산해진미 그리고 아름다운 미녀들까지 모든 것이 그가 밤낮으로 꿈꾸고 침을 흘리던 것들이었다. 옛날에 셴양으로 부역을 하러 왔을 때 그는 진시황을 보고서 “대장부가 저 정도는 돼야 한다”고 말한 적이 있었다. 그런데 지금 ‘저 정도’가 될 수 있게 되었으니 당연히 실컷 즐겨봐야 하지 않겠는가?

그래서 번쾌가 궁에서 나가자고 했을 때 그는 들은 척도 하지 않았다.

결국 장량이 그를 설득하러 나섰다.

“진나라가 망한 것은 포악하고 탐욕스러웠기 때문입니다. 진왕이 교만하고 사치와 쾌락을 즐겼기에 패공이 진나라에 입성할 수 있었습니다. 따라서 우리는 승리한 뒤에 반드시 그들과 정반대로 행동해야 합니다. 진나라가 포악했으니 우리는 인자해야 하고 진나라가 탐욕스러웠으니 우리는 검소해야 합니다. 절대로 안락함에 빠져서는 안 됩니다. 청컨대 패공께서는 번쾌의 건의에 따르십시오.”[15]

유방은 그의 말을 이해하고 받아들였다. 아직은 천하가 평정되지 못했고 정권도 불안하니 즐길 때가 아니었다. 그래서 궁을 나와 군대를 패상覇上으로 물렸을 뿐더러 백성들이 병사들을 위로하려고 바치는 술과 고기까지 받지 않았다.

사실 이런 점이 유방의 장점이었다.

그렇다. 유방은 인품이 고상한 것도 아니었고 뚜렷한 장기도 없었는데 어떻게 최후의 승리를 거두고 천하를 차지했을까? 바로 사리에 밝았기 때문이다. 그리고 일단 다른 사람의 의견을 받아들이면 기대 이상으로 정확하게 실천했다.

15 이 부분은『사기』「유후세가」참고.

이런 장점에 힘입어 그는 한발 한발 승리를 향해 나아갔다.

또한 이런 장점에 힘입어 수많은 인재를 포섭하기도 했다.

역이기酈食其를 예로 들어보자.

괴통처럼 역이기도 종횡가였다. 종횡가는 모두 세 치 혀를 무기 삼아 여러 효웅에게 계책을 마련해주었다. 그런데 역이기는 항우를 싫어하고 유방을 마음에 들어했다. 그래서 유방이 자신의 고향인 고양高陽을 지나갈 때 만나기를 청했다.

유방이 문지기에게 물었다.

"어떤 사람이 왔느냐?"

문지기가 말했다.

"문인으로 보입니다."

유방은 말했다.

"만나지 않겠다! 천하를 차지하려고 분주한 이 몸이 어찌 한가하게 문인이나 만나고 있겠느냐?"

문지기는 그 말을 그대로 역이기에게 전했다.

역이기는 두 눈을 부릅뜨고 칼에 손을 얹으며 말했다.

"당장 돌아가 아뢰거라! 이 몸은 이곳 고양의 술꾼이지 문인이 아니라고!"

문지기는 기겁하여 얼른 돌아가 유방에게 또 고했다.

유방은 즉시 역이기를 안으로 청했다.

역이기가 안으로 들어가 보니 유방은 흐트러진 모습으로 앉아 두 여인에게 발을 씻게 하고 있었다. 역이기는 절도 생략하고 두 손을 맞잡은 채 말했다.

"귀하께서는 진나라에 힘을 보태려고 천 리 길을 마다 않고 오신 겁니까?"

유방은 발끈해서 욕을 퍼부었다.

"그게 무슨 헛소리냐! 천하가 진나라에게 오랫동안 고통받다가 이제야 제후들이 손을 잡았는데 누가 그 망할 진나라에 힘을 보탠다는 것이냐!"

역이기가 또 말했다.

"진나라를 멸하려 하신다면 그런 태도로 노선생을 대하시면 안 됩니다."

유방은 실용주의자여서 날씨가 바뀌는 것보다 더 빨리 안색을 바꾸었다. 그는 곧장 일어나서 의복을 단정히 하고 역이기를 상석으로 청해 거듭 사과한 뒤, 계책을 물었다.

역이기는 진류陳留를 점령하라고 했다.

지금의 허난 성 카이펑 샹푸祥符 구 천류陳留 진인 진류는 본래 춘추시대 정나라의 영토일 때는 이름이 유읍留邑이었지만 나중에 진陳나라에 병합되어 진류라고 불리게 되었다. 진류는 교통의 요지이면서 최고의 곡창지대였다. 역이기의 도움으로 진류를 점령한 뒤, 유방은 과

연 많은 곡식과 마초와 무기를 얻어 군비를 확충할 수 있었다.[16]

진류에서 병사를 모집하고 말을 사들여 병력을 강화한 뒤, 유방은 서쪽으로 뤄양을 향해 나아갔다. 그때 장량이 한왕 한성을 수행하여 유방의 부대에 왔다. 한성이 양적陽翟(지금의 허난 성 위저우禹州)에 남아 그곳을 지키게 되자 장량은 즉시 유방과 함께 남하하여 완성宛城(지금의 허난 성 난양南陽)을 함락시켰다. 그다음에는 서북쪽으로 전진하여 무관武關(지금의 산시 성 단펑丹鳳)을 격파하고 요관嶢關(지금의 산시 성 란톈藍田)에 이르렀다.

그때는 대단히 중대한 시점이었다.

유방의 계획은 2만 명의 병력으로 요관을 공격하는 것이었지만 장량은 생각이 달랐다.

"지금 진나라군은 아직 강하여 섣불리 대적하면 안 됩니다. 듣자 하니 요관을 지키는 장수가 백정의 아들인데 계산에 아주 밝다고 합니다. 그러니 우선 허장성세로 깃발을 많이 세워 병력이 많아 보이게 한 뒤, 역이기에게 값비싼 선물을 가져가 흥정을 하게 하는 편이 좋습니다."

역이기는 과연 그 장수를 매수했다. 그 장수는 심지어 유방과 손을 잡고 진나라를 공격하기를 바랐다. 그러나 장량은 신중했다. 그는 유방에게 장수의 생각이 그러해도 병사들이 따르지 않을 수 있으니 적의 긴장이 풀린 틈을 타 기습하는 것이 낫다고 건의했다. 유방은 그의

16 이 부분은『사기』「역생육가열전酈生陸賈列傳」참고.

말을 따랐고 결국 진나라군을 일거에 대파하여 요관을 손에 넣었다.

요관은 진나라 도읍의 마지막 관문이었다. 유방은 요관을 돌파한 후 순조롭게 북상해 곧장 셴양까지 치달으면서 병사들에게 중간에 노략질을 하면 절대 안 된다고 명했다. 당시 진나라군은 전의를 완전히 상실한 상태였다. 진나라의 마지막 황제 자영은 투항 외에 다른 선택의 여지가 없었다.

그것은 팀워크의 승리였다.

유방 측은 팀워크도 좋았고 운도 좋았다. 그의 진나라 입성은 어쩌면 횡재나 다름없었다. 왜냐하면 거록대전을 위해 진나라 조정이 장한에게 병력을 다 몰아준 상황이었기 때문이다. 제국의 주력 부대는 전부 거록에 있었고 반진反秦전쟁의 주요 전장도 거록에 있었다. 만약 거록에서 항우의 활약이 없었더라면 진나라는 사실 망하지 않았을 것이다. 그리고 이제 그 승리의 과실이 엉뚱하게 유방에게 돌아간 것이었다.

항우는 이로 인한 분노를 끝까지 삭이지 못했다. 심지어 이 일을 놓고 초 회왕과 사이가 벌어지기도 했다. 나중에 그가 회왕을 살해한 것도 이 묵은 원한 때문이었다. 그렇다. 애초에 회왕이 항우를 파견해 진나라를 공격하게 했다면 유방은 아무 기회도 얻지 못했을 것이다.

하지만 지금 항우가 우선 상대해야 할 사람은 역시 유방이었다.

마침 유방이 실수를 저질렀다. 어느 소인배의 의견에 따라 군사를 보내 함곡관을 지키게 한 것이다. 그는 그렇게 하면 진나라 지역 전체가 자기 것이 될 줄 알았다. 하지만 뜻밖에도 영포가 아주 가뿐하게 관문을 돌파했다. 곧 항우군이 벌떼처럼 몰려들어와 홍문鴻門에 주둔했다. 유방의 주둔지인 패상에서 겨우 40리 떨어진 곳이었다. 당시 유방군은 20만 명으로 알려져 있었지만 실제로는 고작 10만 명이었고, 항우군은 40만 명이었는데 100만 명으로 알려져 있었다. 이것이 누가 우세한 형국이었는지는 굳이 설명할 필요가 없다.

유방은 홍문의 연회에 가지 않을 수 없었다.

홍문의 연회

오늘날의 시각에서 보면 홍문의 연회에 관한 이야기는 더더욱 허구같다.[17]

지금의 산시 성 시안西安 린퉁臨潼 구에 소재한 홍문은 북쪽으로는 웨이허渭河 강에, 남쪽으로는 리산驪山산에 맞닿아 있는 외딴 마을이었다. 만약 2000여 년 전의 그 연회가 아니었다면 이 마을이 사람들에게 알려질 일은 거의 없었을 것이다.

사실 항우는 본래 이 연회를 열 계획이 없었다. 그는 이튿날 아침 유방을 멸하려고 이미 명령을 내린 상태였다. 이것이 그의 진정한 본심이었다. 다만 이 소식을 어떤 사람이 알게 한 것이 문제였다.

그 사람은 항백項伯이었다.

항백은 항우의 숙부이면서 장량의 친구였다. 과거에 항백은 살인죄를 지었다가 장량의 도움으로 목숨을 건졌다. 그래서 항백은 밤새

17 이번 절의 역사적 사실은 『사기』「항우본기」「고조본기」「유후세가」「번역등관열전樊酈滕灌列傳」을 번갈아 참고.

길을 재촉해 유방의 군영으로 가서 그 비밀을 전했다. 이튿날 장량이 유방과 함께 죽는 꼴을 볼 수 없어서였다.

그렇다. 그는 유방을 구할 생각은 없었다. 장량을 구할 생각만 있었다.

그러나 장량은 결코 자기 혼자 도망치려 하지 않았다.

이 점을 항백은 이해할 수 있었다. 장량이 그렇게 의리를 중시하는 인물이 아니었다면 과거에 그를 구해주지도 않았을 것이다. 항백은 장량의 의리에 감사하고 탄복하는 김에 그가 유방을 만나러 가는 것도 눈감아주기로 했다. 어쨌든 말도 없이 떠나는 것은 못할 짓이 아닌가.

결국 장량은 모든 상황을 유방에게 고했다. 유방은 크게 놀라 안색이 싹 바뀌었다.

장량이 물었다.

"패공께서는 정말 항우를 배반할 생각이셨습니까?"[18]

이 물음에 대한 답변은 대단히 중요했다. 그것에 장량의 태도와 유방의 생사가 달려 있었기 때문이다. 그러나 답변하기가 쉽지 않았던 것은, 유방이 그냥 시인하면 자기 입으로 죄를 실토하는 것과 마찬가지였고, 그렇다고 해서 거짓말을 하면 장량의 신뢰를 얻을 수 없었기 때문이다.

 유방은 뭐라고 답해야 했을까?

18 이 부분은 「항우본기」와 「유후세가」의 기록이 다른데 「유후세가」의 기록을 취했다.

그에게는 진땀나는 시험의 순간이었다.

다행히 유방은 IQ도 EQ도 매우 높았다. 그 순간에는 솔직하게 말하는 것이 가장 중요하다는 것을 간파했다. 자기가 진심으로 대해야 상대가 두 마음을 품지 않고 또 자기가 남김없이 속을 털어놓아야 상대가 최선을 다하는 법이다. 하지만 동시에 퇴로를 마련해두지 않으면 안 된다.

그래서 유방은 사실대로 말했다.

"어떤 개자식이 내게 썩어빠진 생각을 내놓았었소. 제후들을 함곡관 밖에 묶어두기만 하면 내가 여기에서 왕이 될 수 있다고."

장량은 안도의 한숨을 내쉬었다.

그저 남의 허튼소리에 솔깃한 것이라면 기껏해야 멍청한 짓일 뿐이어서 어쨌든 자기 혼자 궁리하고 결정해 모반하려 한 것보다는 나았다. 아직 개선의 여지가 있는 것이다.

가장 중요한 것은 그것이 사실이라는 점이었다.

그래서 장량은 또 물었다.

"솔직히 말해보십시오. 패공은 항우와 싸워 이길 수 있습니까?"

유방은 한참을 조용히 있다가 입을 열었다.

"당연히 이길 수 없소!"

여기에서 "한참을 조용히 있다가"라는 부분은 매우 의미심장하다. 유방이 항우에게 대항하기 힘들다는 것은 명백한 사실이었다. 그런데도 왜 한참 동안 조용히 있었을까? 계산을 한 것일까? 양쪽을 서로 견주어 평가라도 해본 걸까? 아니면 체면 때문에 그런 걸까? 어쨌든 한참을 조용히 있었던 것만은 사실이었다.

이번에는 유방이 물었다.

"이제 어떻게 해야 하오?"

장량이 말했다.

"항백에게 도와달라고 하는 수밖에 없습니다."

이때 유방은 자신의 IQ와 EQ가 높다는 것을 또다시 증명했다. 그는 장량에게 물었다.

"그대와 항백 중에 누가 더 나이가 많소?"

"항백이 더 연장자입니다."

유방은 즉시 자기 생각을 밝혔다.

"그렇다면 나는 항백을 형님으로 삼겠소."

확실히 이것은 장량에게 들으라고 한 말이었다. 왜냐하면 유방은 자신과 항백의 나이를 비교하지 않았기 때문이다. 그 의미는 역시 분명했다. 나 유방과 너 장량은 형제라는 것이었다. 따라서 장량의 형은 곧 그에게도 형이었다. 그와 항백 중에 누가 더 나이가 많은지는 전혀 중요하지 않았다.

물론 패공인 유방이 항백을 형으로 높여준 것은 항백의 체면을 세워주는 역할도 했다. 유방은 정말 위험관리의 고수라고 해도 부끄럽

지 않았다.

항백도 금세 유방에게 포섭되었다.

유방은 그에게 말했다.

“저는 이곳에 와서 추호도 잘못을 범한 적이 없습니다. 관리와 백성의 호적을 철저히 조사하고 관청의 창고를 잘 봉하여 항 장군이 와서 인수하시기만을 기다렸습니다! 병사들을 보내 함곡관을 지키게 한 것은 그저 도적을 방비하기 위해서였습니다. 제가 어찌 감히 항 장군을 배반하겠습니까?”

유방은 부끄러운 줄도 모르고 이런 말을 떠들어댔다.

한 푼도 취하지 않고 셴양궁을 나와 패상으로 군대를 물린 것은 분명 사실이었다. 하지만 그 진정한 이유는 그를 빼면 오직 장량만 알고 있었고 장량이 그 이유를 발설할 리는 없었다. 아마도 유방은 이때 장량과 번쾌에게 속으로 무척 고마워했을 것이다.

항백은 유방의 교묘한 말에 완전히 넘어갔다. 그는 단지 유방에게 한마디 훈계를 건넸다.

“내일 반드시 아침 일찍 와서 항우에게 사죄하시오.”

유방은 벌떡 일어서서 예를 표하며 “예!” 하고 대답했다.

이튿날 유방과 항우의 만남은 분위기가 썩 괜찮았다. 유방의 태도는 당연히 성실하고 공손했으며 동시에 오랜 친구 같은 친근함도 보였다. 항우도 이미 항백에 의해 마음이 풀려 매우 너그러웠다. 심지어 자기도 모르게 유방군 안에 있는 밀고자의 이름을 밝히기도 했다.

유방은 돌아가서 치도곤을 안길 생각으로 그 이름을 단단히 기억해두었다.

항우는 의외로 아주 개운하고 편안해보였다.

사실 항우가 "내일 아침 병사들에게 술과 고기를 먹여 유방의 군대를 무찔러라旦日饗士卒, 爲擊破沛公軍"라고 명한 것은 유방이 진왕이 되려 한다고 누가 밀고를 하여 그의 성미를 건드렸기 때문이었다. 다시 말해 항우는 홧김에 그런 결정을 내린 것이지 미리 그럴 생각이 있었던 것은 아니었다. 이제 화가 다 풀렸으므로 더는 인상을 쓸 필요가 없었다.

그래서 항우는 유방을 식사 자리에 초대했다.

두 사람은 술잔을 주고받으며 이야기꽃을 피웠다. 이때까지만 해도 그 자리에서 가슴 서늘한 장면이 연출될 줄은 아무도 몰랐다.

그렇게 된 원인은 범증에게 있었다.

범증은 유방을 죽여야 한다고 극력 주장해왔다. 그는 항우에게 이미 이런 말을 했다.

"유방이란 자는 본래 불량배 출신입니다. 고향에 있었을 때는 주색과 재물을 몹시 탐하였습니다. 그런데 이번에 셴양에 와서는 뜻밖에도 털끝 하나 건드린 것이 없습니다. 이것은 그가 더 큰 것을 노리기 때문입니다! 이렇게 자신을 억제할 수 있는 자는 어떻게든 방비해야 합니다."

애석하게도 이것은 범증의 생각이지 항우의 생각은 아니었다.

그래서 술자리에서 범증이 연방 눈짓하는 것을 보고도 항우는 못 본 체했다. 또 범증이 연방 옥결玉玦(몸에 차는 둥근 옥 장식)을 들어 올렸지만 항우는 역시 못 본 체했다. '결玦'은 결단을 암시했다. 옥결을 세 번 들었는데도 반응하지 않았다는 것은 결단하지 않겠다는 뜻이었다.

범증은 부득이 직접 손을 쓰기로 했다. 그는 장막 밖으로 나가 항우의 동생인 항장項莊을 찾은 뒤, 술자리에서 칼춤을 추다가 유방을 죽이라고 지시했다. 그러나 범증의 속셈을 간파한 항백이 함께 칼춤을 추며 유방을 엄호하는 바람에 항장은 뜻을 이루지 못했다.

장량은 그냥 앉아 있을 수가 없어 밖에 나가 번쾌를 불렀다.

번쾌가 그에게 물었다.

"일이 어떻게 돼가고 있습니까?"

"큰일이오. 항장이 칼춤을 추며 패공을 노렸소."

"생사의 고비로군요. 제가 패공과 생사를 함께하겠습니다."

번쾌는 경비를 억지로 물리치고 장막 안으로 들어섰다. 순간 항우의 노한 눈과 마주치니 머리칼이 쭈뼛 서고 부릅뜬 눈이 튀어나올 것만 같았다.

항우가 검에 손을 얹으며 물었다.

"들어온 자가 누구인가?"

장량이 말했다.

"패공의 마부이자 호위병입니다."

항우가 번쾌에게 말했다.

"네게 술을 내리겠다."

번쾌는 허리를 숙이고는 술을 받아 한입에 잔을 비웠다.

항우는 또 말했다.

"저 장사에게 돼지다리도 하나 주거라."

부하가 번쾌에게 익히지 않은 돼지다리를 주었다. 번쾌는 땅바닥에 주저앉고는 방패 위에 그 돼지다리를 놓고 검으로 베어 먹었다. 장내의 사람들이 아연실색하는 가운데 오직 항우만이 크게 마음에 들어했다.

"진정한 장사로다! 한 잔 더 마실 수 있겠느냐?"

번쾌가 말했다.

"소신은 죽음도 두려워하지 않는데 술이 무슨 대수겠습니까?"

이어서 번쾌는 비분강개한 어조로 일장연설을 늘어놓으며 항우를 비판했다.

"진왕이 잔인무도하여 닥치는 대로 사람을 죽이고 가혹한 형벌을 가해 사람들의 마음이 다 떠난 바 있습니다. 그리고 지금 패공이 명을 받들어 진 땅에 들어와 함곡관을 봉쇄하고 장군을 기다렸습니다. 노고와 공로가 이처럼 지대한데 손바닥만 한 땅도 못 받고 오히려 목숨을 잃을까 근심하니 대체 하늘의 이치가 어디에 있는 것입니까? 장군께서 참언을 믿고 공 있는 자를 주살하려 하는 것은 망한 진나라의 예를 잇는 것이 아닙니까?"

항우는 할 말이 없었다.

그다음 이야기는 매우 간단하다. 유방은 화장실에 간다는 핑계로 몰래 달아나면서 장량을 남겨 뒷일을 처리하게 했다. 가기 전에 그는 인사를 하고 가야 하나 잠시 망설였다. 이때 번쾌가 말했다.

"큰일을 할 때는 작은 일을 신경 쓰지 않고 큰 예를 행할 때는 사소한 책망을 피하지 않는 법입니다. 지금 저들은 식칼과 도마이고 우리는 고기인데 인사가 웬 말입니까!"

유방은 수긍하고 종종걸음으로 군영에 돌아갔다.

홍문의 연회는 이렇게 막을 내렸다.

패망의 카운트다운

홍문의 연회는 많은 수수께끼를 남겼다. 그중 사람들이 가장 궁금해하는 것은 아마도 항우가 유방을 죽이지 않은 이유일 것이다.

그 이유는 여러 가지다.

우선 번쾌의 난입을 첫 번째로 꼽아야 한다. 사실 그 전까지 항우는 유방을 죽여야 할지 결정을 못 내리고 있었다. 범증이 계속 눈짓을 줄 때 모른 척하기는 했지만 항장이 유방을 노리고 칼춤을 추는 것도 굳이 제지하지는 않았다. 항백이 칼춤으로 유방을 엄호하는 것 역시 멈추게 하지 않았다. 그는 유방의 목숨을 하늘에 맡겼다.

그런데 번쾌가 그에게 부쩍 호감을 불러일으켰다. 그래서 번쾌가 자신을 비판하는데도 노하지 않았을 뿐더러 오히려 유방을 죽이지 않기로 결심했다. 확실히 그때 항우는 천하의 패권도, 자신의 체면도 까맣게 잊었다. 그의 마음속에는 그 거친 사나이에 대한 찬사와 존경

만이 가득했다.

그것은 영웅이 영웅을 아끼는 마음이었다.

영웅은 존경받아 마땅하다. 결코 모략으로 죽여서는 안 된다. 설령 죽이더라도 전장에서 정정당당하게 싸우다가 죽게 해야지 군영의 술자리에서 어처구니없이 숨을 거두게 해서는 안 된다. 그것은 너무나 불명예스러운 죽음이다.

이것은 분명 치기 어린 생각이었다.

항우는 확실히 치기가 다분한 인물이었다. 사람을 죽일 때도 마찬가지였다. 그는 평생 수많은 사람을 죽였지만 대부분 즉흥적인 살인이었지 정치적 필요에 의해 계획적으로 사람을 죽인 적은 거의 없었다. 이 점은 노련하고 용의주도한 범증과는 완전히 딴판이었다. 그 결과, 죽여야 할 사람은 안 죽이고 죽이지 말아야 할 사람을 마구 죽이는 일이 생겼다. 그가 성을 점령한 후 주민들을 대량 학살하곤 했던 것도 바로 이런 이유 때문이었다.

사실 아이의 천진함은 철이 없음을 뜻한다. 그래서 아이들은 때때로 잔인하다. 그들이 아무렇지도 않게 나비를 죽이는 것은 그것이 별일이 아니라고 생각하기 때문이다. 하지만 그것이 나쁜 일이라고 단단히 일러주며 못하게 하면 즉시 말을 듣는다. 그래서 항우는 대량 학살은 했어도 유방은 죽이지 않은 것이다.

심지어 얼마 전 초 회왕이 임무를 분배할 때 항우가 "제가 패공과 함께 가겠습니다!"라고 말한 것도 치기였다. 그는 항량의 복수를 하는 것만 생각했지 유방과의 경쟁에서 밀리는 것은 두려워하지 않았다. 그래서 제후들의 연석회의에서 자신의 제안이 거부되었을 때도 더 고집을 부리지 않았다. 왜냐하면 유방 같은 머저리가 진나라군을 이길 리가 없다고 생각했기 때문이다.

하지만 유방이 먼저 셴양에 도착해 갖은 보물을 다 차지했다는 소식을 들었을 때 그는 노발대발하여 당장 유방을 죽이고 싶어했다. 그것은 아이가 장난감을 빼앗기고 우는 것과 큰 차이가 없었다. 그래서 유방이 장난감을 돌려주자 그는 좋아서 식사까지 대접한 것이다.

아이는 이처럼 달래기 쉽다.[19]

정말 범증이 "어린애와 함께 일을 도모할 수가 없구나豎子不足與謀"라고 할 만했다.

범증이 말한 어린애는 누구일까? 항우일까? 항장일까? 둘 다일 수도 있고 항장을 가리키는 듯하면서 실은 항우를 가리킨 것일 수도 있다. 하지만 노골적으로 항우를 가리킨 것이 아니냐고 따졌어도 그는 부정하지 않았을 것이다. 그의 마음은 이미 팽성으로 돌아가 있었기 때문이다.

항우는 셴양의 백성들을 도륙하고 셴양궁을 불태운 뒤, 노략질한 보물과 여자들을 데리고 팽성으로 돌아가기로 결정했다. 이때 누군가 그에게 이렇게 권유했다.

19 항우가 왜 유방을 죽이지 않았는가에 관해서는 졸저『품인록品人錄』에서 따로 심리 분석을 한 바 있다.

"이곳 관중은 비옥한 들판이 1000리이며 지키기는 쉬우나 공격하기는 어려운, 주나라와 진나라의 발상지입니다. 여기에 도읍을 세우면 능히 천하를 제패할 수 있는데 왜 굳이 팽성으로 돌아가려 하십니까?"

그러나 항우의 생각은 달랐다.

"부귀해지고도 고향에 돌아가지 않는 것은 화려한 옷을 입고 컴컴한 밤길을 가는 것과 같다. 그러면 누구 눈에 띄겠느냐?"

이것은 그냥 치기가 아니라 그야말로 철부지 같은 생각이었다! 그래서 그 사람은 "세상 사람들이 초나라인은 원숭이가 그럴듯한 갓을 쓰고 있는 격이라고 하더니 과연 그렇구나!"라고 탄식했다. 이 말을 전해 들은 항우는 지체 없이 그를 기름 솥에 던져버렸다.

이제 항우에게 감사의 말을 전해야겠다. 지금까지의 이야기를 통해 그는 후대에 네 개의 고사성어를 남겼다. 이미 언급한 파부침주 외에 작벽상관作壁上觀(앉아서 수수방관만 하고 남을 도와주러 나서지 않는다는 뜻. 거록대전에서 항우의 분투를 보고만 있던 제후들의 태도에서 유래), 금의환향錦衣還鄕, 목후이관沐猴而冠(원숭이가 갓을 쓰고 있는 것처럼 의관만 그럴듯하고 생각과 행동은 어리석다는 뜻)이 그것이다.

그런데 항우에게는 집으로 돌아가기 전에 처리할 일이 한 가지 더 있었다.

그것은 제후들에 대한 분봉이었다. 이 일은 꼭 해야만 했다. 당시의 상황이 진나라 초와는 달랐기 때문이다. 진나라는 여섯 나라를 멸하고 천하를 얻었으므로 당연히 더 이상 분봉할 이유가 없었다. 그러나 지금은 여섯 나라가 진나라를 멸하였으므로 누가 혼자 독차지할 수가 없었다.

하지만 어떤 식으로 분봉하느냐가 문제였다.

이와 관련해 그는 3단계로 나눠 일을 진행하기로 했다.

1단계는 회왕을 황제로 세운다고 선포하는 것이었다. 그때는 이미 제국시대여서 황제를 세우는 것에 걸림돌은 없었다. 그런데 진시황이 '진제秦帝'로 불렸으므로 초 회왕은 마땅히 '초제楚帝'로 불려야 했는데도 항우는 그를 '의제義帝'라고 불렀다. '의義'는 의부, 의치, 의족 같은 단어에서도 볼 수 있듯이 가짜라는 뜻이 있다.

따라서 의제는 곧 '가짜 황제'였다.

가짜 황제가 진짜 문제에 관여하는 것은 있을 수 없는 일이었다. 항우는 곧 장수들을 모아놓고 말했다.

"회왕은 내 숙부인 항량 장군이 옹립했고 아무런 전공도 세운 적이 없다. 그는 의제가 된 것으로도 이미 충분하다. 진나라를 멸하고 천하를 평정한 것은 모두 여러분과 나의 공로다. 따라서 우리 스스로 분봉을 하는 것이 옳다."

장수들은 모두 찬성했다.

항우는 즉시 18명의 제후왕을 정했다. 이것이 2단계였다. 이어서

3단계는 그가 스스로 '서초패왕'이라 칭하고 팽성을 도읍으로 정하는 것이었다. 그는 이런 식으로 마치 춘추시대로 돌아간 것처럼 천자, 패주, 제후가 평화롭게 공존하는 것을 꿈꿨다.

그러나 항우의 이런 정치모델은 매우 부적절했고 분배의 결과도 불공평했다. 사실 항우가 이기적이었던 것은 아니다. 그 자신의 영토는 결코 크지 않았고 초나라군의 장수 중 왕이 된 사람도 네 명뿐이었다. 문제는 그가 분봉한 방식과 원칙이었다. 조리가 없고 즉흥적인 데다 경계심이 부족했다.

제일 먼저 진나라에 입성한 유방을 예로 들어보자. 초 회왕이 처음 내건 약속대로라면 관중의 왕이 되었어야 할 그를 항우는 한중왕漢中王에 봉했다. 그래서 파巴(지금의 충칭重慶), 촉蜀(지금의 쓰촨 성), 한중漢中(지금의 산시 성 친링秦嶺 이남, 즉 후베이 성 서북부), 이 세 지역을 다스리게 했다.

사실 유방이 한중을 얻은 것도 장량을 통해 항백에게 뇌물을 넣은 덕분이었다. 본래 항우는 그에게 파와 촉만 주었었다. 당시 이 두 지역의 북쪽은 산세가 험하고 동쪽은 싼샤三峽(양쯔 강 상류에 있는 세 협곡)가 있는 산간벽지여서 역대로 죄수를 유배 보내는 장소로 유명했다. 항우는 이런 땅에 최고의 공신을 봉한 것이다.[20]

그것은 이치에 몹시 어긋나는 조치였다!

그러나 유방은 지금이 이치를 따질 때가 아니며 항우가 이치와는 거리가 먼 인물임을 잘 알고 있었다. 그는 울분을 꾹 참았다. 우선 한

20 이 부분은 『사기』 「유후세가」 참고.

중에 가서 뒷일을 생각해보자고 다짐했다.[21]

한나라 원년 4월, 즉 진 제국이 멸망한 지 반년 뒤에 각 제후들은 서로 다른 마음을 품고 자신들의 봉국으로 향했다. 항우도 팽성을 향해 출발했다. 이때 그는 틀림없이 금의환향의 희열과 자랑스러움으로 가슴이 벅찼을 것이다. 이미 자신의 패망의 카운트다운이 시작된 것도 모르고서.

21 유방은 본래 항우와 결전을 치를 계획이었지만 소하, 번쾌, 관영, 주발 등이 만류했다. 『한서』「소하전」 참고.

유방은 무정하지만
냉혹하지는 않았고 현실적이지만 낭만적인 면도 있었다.

제4장

유방이 황제가 되다

대장군이 된 한신

혼전의 전개

정형의 전투

결정적인 한 표

패왕의 최후

유방과 항우

대장군이 된 한신

항우가 제후들을 분봉한 지 한 달 만에 천하가 어지러워졌다.

그건 당연한 일이었다. 어지러워지지 않았다면 오히려 이상했을 것이다. 애초에 항우가 권력과 이익을 재분배할 때 오직 자신의 좋고 싫음에 따라 횡포를 부렸기 때문이다. 예를 들어 연왕 한광을 요동으로 강등해 보냈으며 조왕 조헐은 대국代國으로 내쫓으면서 조나라의 국호도 취소하고 그 영토까지 둘로 나누었다.

더 심했던 것은 한성에 대한 처사였다.

한성은 본래 한왕이었다. 그러나 그가 유방을 따랐다는 이유로 항우는 그를 봉지에 가지 못하게 하고 팽성으로 납치해 후작으로 강등한 뒤 살해했다. 그러고서 따로 정창鄭昌을 한왕으로 세웠다.[1]

제나라도 재난을 면치 못했다.

제나라에도 본래 왕이 있었다. 그러나 항우는 제나라를 셋으로 나

1 『사기』「항우본기」 참고.

눠 자신을 도와준 바 있는 자들에게 그중 둘을 주고 본래의 제왕은 교동왕膠東王으로 강등했다. 그러면서 제나라 재상 전영田榮에게는 단 한 평의 땅도 주지 않았다. 과거에 항량이 장한과 싸울 때 그가 군대를 보내주지 않은 것에 대한 보복이었다.

결국 전영은 극도로 화가 났다.

한나라 원년 4월, 제후들이 셴양을 떠나 서둘러 봉지로 가자마자 5월에 전영이 반란을 일으켰다. 그는 6월에 스스로 제왕이 되었으며 7월에는 항우가 셋으로 나눈 제나라의 영토를 다시 통일했다. 그리고 그 전에는 팽성의 도적떼를 규합해 항우를 공격하게 하여 초나라군을 격파했다.[2]

이와 동시에 진여도 반기를 들었다.

진여는 당연히 반기를 들 만했다. 그는 본래 장이와 함께 공을 세웠다. 그런데 장이도, 장이의 부하도 왕에 봉해졌건만 진여는 겨우 후에 봉해지고 조헐도 대왕代王으로 강등되었다. 화가 난 진여는 전영에게 병력을 빌려 이미 왕으로 책봉된 장이를 몰아낸 뒤, 조헐을 맞아들여 다시 조왕으로 세웠다.[3]

동쪽의 제나라는 전영에게 돌아갔고 북쪽의 조나라는 진여에게, 서쪽의 진나라는 유방에게 돌아갔다. 전영이 왕이 된 지 두 달 만인 8월에는 유방의 군대가 고도故道를 통해 동진하여 진창陳倉을 점령하고 대대적인 공격을 개시했다. 결국 옛 진나라 땅인 관중을 셋으로

2 『자치통감』 9권 참고.
3 『사기』「장이진여열전」 참고.

나눠(이 세 지역을 삼진三秦이라 했다) 다스리던 세 왕 중 옹왕 장한은 패하고 다른 두 왕은 투항함으로써 그 지역 전체가 한나라에 귀속되었다.

항우가 그렇게 내주기 싫어했던 관중을 유방은 이처럼 자기 힘으로 손에 넣은 것이다.

항우로서는 실로 예상치 못한 일이었다. 그가 예상치 못한 것은 바로 장량의 연막술 때문이었다. 지난 4월, 유방이 한중으로 떠날 때 장량은 한성을 따라 팽성으로 가게 되었다. 이때 장량은 유방에게 작별인사를 하면서 한중으로 통하는 길의 잔도棧道(계곡 사이를 잇는 나무다리)를 불태워, 앞으로 모반하여 동쪽으로 나올 마음이 전혀 없음을 항우에게 보여주라고 했다. 유방은 그 말을 충실히 따랐고 항우는 그것이 단지 시늉인 것을 몰랐다.[4]

항우는 한신이 유방의 천하 제패를 돕게 될 줄은 더더욱 몰랐다.[5]

한신은 항우의 오래된 부하였다. 일찍이 항량이 살아 있을 때 초나라군에 들어갔지만 지위는 고작 보초를 서는 호위병에 불과했다. 몇 차례 계책을 올려보기도 했으나 항우는 아예 거들떠보지도 않았다.

그래서 한신은 유방이 한중으로 갈 때 그에게 투신했다.

그러나 한신은 여전히 뜻을 이루지 못했다. 그는 손님 접대를 전담하는 연오連敖라는 직책에 머물렀다. 만약 군법을 어겨 참수를 당할 위기에 처하지 않았다면 그는 영원히 빛을 보지 못했을 수도 있다.

한신은 어떤 죄를 지었을까? 확실하지 않다. 당시 같은 사건에 연

4 『사기』「유후세가」 참고. 후대 사람들은 이를 근거로 "낮에 잔도를 수리하고 밤에 진창으로 넘어갔다明修棧道, 暗渡陳倉"는 이야기를 지어냈다.

5 이 책에 나오는 한신에 관한 이야기는 모두 『사기』「회음후열전」을 참고했다.

루된 죄수 13명이 이미 참수된 상태였다는 것만 알려져 있다. 자기 차례가 되었을 때 그는 고개를 들었다. 마침 유방의 측근인 등공滕公 하후영夏侯嬰이 눈에 띄었다.

한신은 즉시 큰소리로 외쳤다.

"대왕은 천하의 대업을 이룰 마음이 없으신 겁니까? 어찌하여 장사를 죽이려 하십니까?"

결국 하후영은 그의 뛰어난 언변과 우람한 체구가 마음에 들어 참형을 면하게 해주었을 뿐만 아니라 직접 유방에게 소개했다. 유방은 여전히 그를 대수롭지 않게 생각하긴 했지만 관직을 한 등급 올려 군량미를 관리하는 치속도위治粟都尉로 임명했다. 처음에는 접대관이었고 그다음에는 군수관이었으니 한신은 계속 기분이 언짢았을 것이다.

다행히도 이때 그는 소하를 알게 되었다.

소하야말로 한신의 생애에서 가장 중요한 인물이었다.

한신은 소하와 기이한 인연이 있었던 것 같다. 소하는 나중에 한신을 속여 장락궁長樂宮에 입궐하게 해서 살해하지만 이때는 그를 유방에게 적극적으로 천거했다. 이 이야기는 훗날 "성공도 소하 덕분이고, 실패도 소하 탓이다成也蕭何, 敗也蕭何"라는 고사성어를 낳는데 한신에게 이때는 성공에 해당했다.

사실 한신은 당시 유방의 진영을 떠나려 했다. 그의 목표는 한낱 군수관이 아니었기 때문이다. 그러면 그는 어디로 가려 했을까? 그것은 확실치 않다. 어쨌든 그는 말없이 한중을 떠나려 했다. 이 소식을 들은 소하는 펄 듯이 놀랐다. 심지어 그는 유방에게 아무 말도 않고 부랴부랴 한신의 뒤를 쫓았다.

유방은 소하가 도망친 줄로만 알았다.

실제로 유방 일행이 셴양을 떠나 한중으로 향할 때 그의 장병들은 크게 술렁였다. 그들은 대부분 남방 출신이었다. 항우만 금의환향하고 싶었던 것이 아니었다. 그들도 그러고 싶은 마음이 굴뚝같았다. 그래서 몰래 도망치는 자들이 속출했다. 이런 마당에 승상인 소하까지 도망을 쳤다고 생각하니 유방은 간담이 서늘해지지 않을 수 없었다.

나중에 소하가 돌아오자 유방은 기쁘기도 하고 화도 나서 대뜸 욕을 퍼부었다.

"빌어먹을, 자네는 도대체 왜 내뺀 건가?"

소하는 말했다.

"소신이 어찌 감히 도망을 치겠습니까? 사람을 쫓아갔을 뿐입니다."

"누구를 쫓아갔다는 건가?"

"한신입니다."

유방은 또 성을 냈다.

"말도 안 되는 소리! 다른 장수들이 도망칠 때는 꼼짝도 안 하더니 한신을 쫓아갔다고? 감히 누구를 속이려고?"

"한신은 그들과는 다릅니다."

"뭐가 다르다는 건가?"

소하는 말했다.

"다른 장수들은 보통 사람이지만 한신은 천하제일의 뛰어난 인물입니다. 대왕께서 평생 한중에만 머무르려 하신다면 한신이 없어도 괜찮습니다. 하지만 뭔가 일을 도모하신다면 반드시 한신을 중용하셔야 합니다. 대왕께서는 어찌하실 생각입니까?"

"과인은 반드시 동쪽으로 진출하려 하네. 평생 이곳에 머무를 수는 없지."

"그러시다면 한신을 중용하셔야 합니다. 중용하시면 한신은 여기에 남을 것이고 중용하지 않으시면 조만간 떠날 겁니다."

유방은 손사래를 치며 말했다.

"자네 얼굴을 봐서 장군을 시켜주기로 하지."

"장군이 돼도 그는 떠날 겁니다."

유방은 또 말했다.

"그러면 대장군을 시켜주면 되지 않나. 그를 안으로 들라 하게."

소하는 말했다.

"인재를 소홀히 대하시면 안 됩니다. 지금 대장군으로 임명할 사람을 어찌 아이 부리듯 하십니까? 한신이 떠나려 한 것이 당연합니다."

유방은 그제야 길일을 택하고 제단과 갖은 예를 갖춰 정식으로 한신을 대장군에 임명했다.

대장군이 되자마자 한신은 유방과 오래 이야기를 나누며 유방과 항우의 장단점을 총체적으로 논하여 유방의 신뢰를 얻었다. 그는 또 이런 말을 했다.

"지금이 천하의 패권을 도모하기에 가장 좋은 시기입니다. 장병들이 고향을 사무치게 그리워하여 어떻게든 돌아가고 싶어하기 때문입니다. 그들의 이런 심리를 이용해야 합니다. 일단 천하가 통일되면 사람들의 마음이 안정되어 군대를 동원하기가 힘들어집니다."[6]

유방은 미칠 듯이 기뻐서 왜 그를 진작 만나지 못했을까 한스러워했다. 그는 한신의 건의를 받아들여 고도를 통해 동쪽으로 진출해서 진창을 탈취한 뒤, 먼저 백성들의 원성이 가장 심했던 옹왕 장한을 격파했다. 그럼으로써 옛 진나라 지역을 일거에 평정하여 세력을 셴양까지 확장했다.

유방은 곤경에서 성공적으로 벗어났다.

그것은 한신의 공로이자 나아가 소하의 공로였다.

그래서 훗날 유방은 논공행상을 하면서 소하의 공을 으뜸으로 쳤는데 이에 대해 장수들이 불만을 토로했다.

"우리는 중무장을 한 채 생사를 넘나들며 싸웠고 그 덕에 천하를 차지할 수 있었습니다. 그런데 아무 전과도 없는 소하가 어째서 공이 으뜸입니까?"

6 이 부분은 『사기』 「고조본기」 참고.

유방이 껄껄 웃으며 물었다.

"너희는 사냥을 아느냐?"

그들은 말했다.

"압니다."

유방이 또 물었다.

"사냥개는 아느냐?"

"압니다."

유방은 그들에게 찬찬히 설명했다.

"토끼를 잡으면 그것은 당연히 사냥개의 공이다. 하지만 사냥개가 토끼를 잡은 것은 사냥꾼이 사냥개를 잘 부렸기 때문이다. 따라서 너희는 단지 공을 세운 사냥개일 뿐이며 소하야말로 공을 세운 사냥꾼이다."[7]

맨 처음 소하의 역할은 '헤드헌터'와 흡사해서 유방에게 한신이라는 최고의 CEO를 찾아주었다. 하지만 그것은 실적으로 증명되어야 했다. 전과를 거두지 못하면 유방도 신뢰하지 않고 사람들도 승복할 리 없었다. 한신은 반드시 훌륭하게 전투를 수행해야 했다.

한신은 물론 그럴 능력이 있었고 마침 기회도 빨리 찾아왔다.

7 『사기』「소상국세가蕭相國世家」 참고.

혼전의 전개

한신을 얻은 뒤로 유방은 승승장구했다.
그 상황을 순서대로 살펴보자.

한나라 원년 8월, 옹왕 장한이 패하고 새왕塞王 사마흔과 적왕翟王 동예董翳가 투항.

한나라 2년 10월, 하남왕 신양申陽과 한왕 정창이 투항.

동년 3월, 위왕 위표가 투항하고 은왕殷王 사마앙司馬卬이 포로가 됨.

진시황의 개혁 중 한 가지는 10월을 한 해의 첫 달로 삼은 것이었다. 그리고 전통 사학자들은 진나라가 망한 해를 한나라의 원년으로 삼았다. 그래서 한나라 원년은 10월부터 이듬해 9월까지다.

다시 말해 진나라의 마지막 황제 자영이 투항하고, 항우가 분봉을 하고, 제후들이 봉국으로 가고, 유방이 한중에서 나온 것은 전부 한나라 원년의 일이었다. 그러나 서기를 기준으로 하면 이 사건들은 기원전 207년과 기원전 206년, 이 두 해에 걸쳐 벌어졌다.

이것은 중요한 일일까?

중요하다. 왜냐하면 당시 상황이 얼마나 급박하게 돌아갔는지 설명해주기 때문이다.

실제로 자영의 투항부터 항우의 분봉까지 석 달이 걸렸고 항우의 분봉부터 제후들이 봉국으로 가기까지도 석 달이 걸렸다. 그다음에 제후들이 봉국으로 간 뒤부터 유방이 한중에서 나오기까지는 넉 달이 걸렸다. 그 후로 반년 동안 항우가 봉한 왕들 중 1명은 패하고 6명은 투항하거나 포로가 되었으니 실로 엄청난 속도로 일이 진행되었다.

항우 쪽에서도 시끄러운 일이 많았다. 그가 봉한 상산왕常山王 장이가 진여에게 축출되었고 요동왕 한광은 연왕에게 피살되었으며 제왕 전도田都, 교동왕 전시田市, 제북왕濟北王 전안田安이 죄다 전영에게 목숨을 잃었다. 전영은 동시에 팽월彭越을 시켜 양나라 일대를 공략하게 하기도 했다. 이처럼 천하는 한꺼번에 혼전 상태로 빠져들었다.[8]

항우는 패왕으로서 국면 수습에 나서야 했다.

그런데 먼저 유방을 상대해야 하나, 전영을 상대해야 하나?

항우는 몹시 망설였다.

8 이 순서는 『자치통감』 9권 참고.

그때 한왕 한성과 함께 팽성에 머물고 있던 장량이 또 꾀를 내어 항우에게 말했다.

"유방은 과거의 약속에 따라 관중의 왕이 되고 싶었을 뿐입니다. 요행히 이번에 관중을 얻었으니 감히 더 동쪽으로 나오지는 못할 겁니다. 그보다는 제나라가 조나라와 손잡고 초나라를 치려는 것이 더 염려스럽습니다."

그래서 항우는 제나라 토벌에 집중했다.[9]

그의 제나라 토벌은 예전처럼 흉폭하고 잔인했다. 성곽을 불태우고 투항한 병사들을 파묻었으며 무고한 백성들을 도륙했다. 부녀자와 아이조차 놓아주지 않았다. 민심을 잃을 수밖에 없었다. 그래서 전영이 패해 사망한 뒤에도 그의 동생 전횡田橫이 따로 전영의 아들 전광田廣을 왕으로 세워 투쟁을 계속 이어갔다. 항우는 제나라 전장에 몸이 묶여 거의 꼼짝도 하지 못했다.

항우는 또한 심각한 정치적 잘못을 저질렀다.

항우는 의제(예전의 초 회왕 미심)를 깊이 증오했다. 그래서 그를 팽성에서 쫓아내 침郴 현(지금의 후난 성 천저우郴州)으로 내몰았지만 그래도 한이 안 풀려 비밀리에 영포 등을 시켜 살해했다.

이 일은 잔인하고도 어리석었다. 의제에게 무슨 큰 공이 있는 것은 아니었지만 무슨 큰 잘못도 없었다. 이미 불쌍해진 무능력한 고아를 꼭 그렇게 처참하게 죽였어야 했을까?

9 『사기』의 「항우본기」와 「유후세가」 참고.

하물며 의제는 한때 반진 투쟁의 기치였으며 항우 본인도 그 기치를 높이 치켜든 적이 있었다. 그런데 이제 와서 그 기치가 더 이상 쓸모없어졌다는 이유로 헌신짝처럼 내팽개쳐서야 되겠는가? 그런 식으로 손바닥 뒤집듯이 사람을 배신하면 어떻게 천하의 인심을 얻을 수 있겠는가?

결국 유방에게 기회가 왔다.

한나라 2년 3월, 유방군은 뤄양에 도착해 공개적으로 의제의 장례를 치렀다. 그때 유방은 다음과 같이 선언했다.

"의제는 천하가 함께 옹립한 황제셨으니 의제를 시해한 자는 곧 천하의 적이다. 따라서 우리는 모두 일치단결하여 의제를 시해한 초나라인을 토벌해야 마땅하다!"

그렇다. '의제를 시해한 초나라인'이 항우의 새로운 호칭으로 떠올랐다.

유방은 정의의 깃발을 높이 들고 그 아래로 제후들의 장병을 56만 명이나 불러모았다. 그러고서 단숨에 항우의 오랜 보금자리인 팽성을 함락해 점령했다. 승리를 거둔 연합군 장수들은 투구를 벗고 서로 축하했으며 연일 미녀를 안은 채 술잔치를 벌였다.

서초패왕의 위세는 금방이라도 와르르 무너질 것 같았다.

그러나 항우는 역시 항우였다. 그는 소식을 듣자마자 대부분의 병력을 남겨 계속 전투를 치르게 하고 자신은 3만 명의 정예병을 이끌고 신속하게 팽성으로 돌아왔다.

그 결과는 어땠을까?

유방의 군대가 와르르 무너졌다.

그 전투는 대단히 치열하고 참혹했다. 한나라군 장병들의 시체가 들판을 뒤덮고 강물을 막아버렸다. 나중에 돌연 불어온 강풍이 초나라군에게 모래와 자갈을 퍼붓지 않았다면 유방은 아마 목숨도 못 건졌을 것이다.

당시 유방의 신세는 비참하기 그지없었다. 전장을 탈출했을 때 그의 옆에 남은 군사는 겨우 수십 기騎에 불과했다. 이른바 56만의 대군이 다 뿔뿔이 흩어져버린 것이다. 그는 패 현에 들러 가족들을 데려가려 했지만 그것도 여의치 않았다. 다만 중간에 아들 하나와 딸 하나를 만났는데 그들이 바로 훗날의 한 혜제와 노원魯元공주다.

그런데 이 두 아이조차 하마터면 목숨을 부지하지 못할 뻔했다. 당시 초나라군이 워낙 빨리 쫓아와서 따라잡힐까 두려웠던 유방은 몇 번이나 아이들을 수레 밖으로 떨어뜨렸다. 그때 수레를 몰던 하후영이 번번이 끌어올려주지 않았다면 아이들은 다 저 세상으로 갈 뻔했다. 그는 유방에게 말했다.

"상황이 아무리 다급해도 어떻게 아이를 버릴 수 있습니까?"

유방은 그제야 아이들에게서 손을 뗐다.

의제의 부고를 듣고 분연히 떨쳐 일어나 역적을 토벌하러 나선 정의의 인물 유방은 본래 이런 사람이었다. 그의 의로운 선언문은 얼마나 장엄하고 감동적이었던가! 그때 의기에 넘치던 늠름한 풍모는 지금 어디로 사라졌단 말인가?

애초에 그런 것은 없었을 것이다.

유방에게 없는 것이 다른 사람이라고 있을 리가 없었다. 8개월 전 유방에게 투항했던 새왕 사마흔과 적왕 동예가 이때 다시 항우에게 투항했다. 억지로 연합군에 끼었던 위왕 위표도 유방이 패하는 것을 보고 위나라로 도망쳐 초나라의 편에 섰다. 당시 유방의 제후연합군은 틀림없이 오합지졸이었을 것이다. 그렇지 않았다면 56만여 명의 대군이 어떻게 항우의 3만 정예병을 이기지 못했겠는가?

의제의 원수를 갚겠다고 한 것도 당연히 믿을 수 없다.

구사일생으로 목숨을 건진 유방은 형양滎陽(지금의 정저우鄭州 구싱 진古滎鎭)으로 퇴각했고 소하의 증원군이 합류하고서야 겨우 안정을 찾았다. 하지만 그의 아버지 태공과 아내 여후는 항우에게 인질로 잡혀 2년 뒤에야 풀려나 돌아왔다.[10]

그것은 한나라의 2년 4월의 일이었다.

그 후로 유방과 항우는 중원 지역에서 서로 교착 상태를 이루어 힘겨루기를 했다. 이때 유방은 운 좋게도 두 명의 조력자를 얻었다. 그들은 팽월과 영포였다. 영포는 본래 항우에 의해 구강왕에 봉해졌지만 유방에게 설득되어 모반을 했다. 또한 팽월은 유방이 임명한 위나

10 이상은 『사기』의 「항우본기」와 「고조본기」 참고.

라의 재상이었지만 위왕 위표가 한나라를 배반할 때 그는 배반하지 않았다. 오히려 항우의 후방에서 유격전을 펼쳤고 유방에게 군량을 공급하기도 했다. 나중에 유방이 항우를 멸했을 때 공이 제일 크다고 인정한 사람도 한신을 제외하고는 바로 팽월과 영포였다.

그러나 이 조력자들은 훗날 유방에게 근심거리가 되었다.

항우의 골칫거리가 동쪽의 제나라였다면 유방의 골칫거리는 북쪽의 위나라와 조나라였다. 조나라가 골칫거리가 된 것은 유방이 팽성에서 항우에게 패했기 때문만이 아니라 조나라 승상 진여가 유방이 장이를 죽이지 않은 것을 원망했기 때문이다. 진여와 장이는 본래 가장 친한 전우였지만 서로 반목해서 적이 된 후로는 그야말로 철천지 원수가 되었다. 그런데 그런 장이의 귀순을 유방이 받아주었으므로 진여는 유방을 적대하기로 마음먹었다.[11]

이 두 골칫거리는 반드시 해결되어야 했다.

더구나 유방은 형양의 전선에서 인원을 보충할 필요가 있었다. 그는 이를 조나라와 위나라에서 병사를 모집해 해결하려 했다. 그래서 유방은 8월에 한신을 좌승상으로 임명하고 군대를 인솔해 위나라를 공격하여 위왕 위표를 포로로 잡았다. 또 9월에는 장이와 손잡고 대나라를 손에 넣었다. 이제 남은 것은 조나라뿐이었다.

이로써 정형井陘의 전투가 시작되었다.

11 『사기』「장이진여열전」 참고.

정형의 전투

정형은 한신의 거록이었다.

'형陘'은 산맥이 중간에 끊어진 곳을 말한다. 정형은 정형구井陘口, 정형관井陘關이라고도 불렸으며 타이항 산의 8개 '형' 중 하나로서 역대로 병법가들이 빼놓지 않고 싸움을 치른 곳이었다. 바로 이 정형에서 한신은 조나라 재상 진여를 격파하고 지혜와 용기를 과시하여 모든 장수의 신뢰를 얻었다.

하지만 그 싸움은 결코 쉽지 않았다.

쉽지 않았던 것은 진여 때문이 아니라 이좌거李左車 때문이었다.

한신처럼 이좌거도 천재적인 군사가였다. 그는 한신과 장이가 만만치 않은 적수임을 잘 알고 있었으므로 진여에게 결코 적을 가볍게 여겨서는 안 된다고 말했다.

"한신은 서하를 건너 위왕과 대나라 재상을 포로로 잡고 천 리를 피로 물들인 뒤 방향을 바꿔 우리 조나라를 공격하려 합니다. 이는 승세를 타고 적의 후방까지 깊숙이 파고드는 것이니 그 기세를 감당하기 어렵습니다. 따라서 머리로 싸워야지 힘으로 싸워서는 안 됩니다."

그러면 머리로 싸우는 것이 가능했을까?

가능했다. 한신에게는 약점이 있었기 때문이다.

한신의 약점은 보급품 즉 군량과 마초였다. 지도를 보면 알 수 있듯이 정형(지금의 허베이 성 징싱井陘)과 주요 전투 지역인 형양(지금의 허난 성 정저우)은 당시 한나라의 수도였던 역양櫟陽(지금의 산시 성 시안)과 거리가 상당히 멀었다. 역양에서 정형까지 보급품을 실어 나르는 것은 보통 일이 아니었다. 게다가 먼저 형양의 수요부터 충족시켜야 했다.

이것은 근거지에서 멀리 벗어나 전투를 치를 때 흔히 뒤따르는 문제였다. 이좌거는 말했다.

"천 리 먼 곳에서 보급품을 실어 나르면 병사들이 배를 주리게 됩니다. 현지에서 보급품을 구해도 충분하지는 않지요. 배고픈 군대가 어떻게 잘 싸울 수 있겠습니까? 그것은 불가능합니다. 보급품은 한신의 치명적인 문제입니다."

물론 한신이 이 문제를 생각하지 않았을 리는 없다. 어느 정도 충분한 양의 보급품도 이미 준비해놓았을 것이다. 하지만 문제는 앞으로도 보급품을 실어와야 한다는 사실이었다. 더욱이 정형은 진입로가 매우 좁아서 수레와 기병이 한 줄로 통과해야 했다. 따라서 선두의 부대와 보급품을 실은 수레들의 간격이 한참 벌어질 가능성이 컸다.

그래서 이좌거는 진여에게 이렇게 건의했다.

"제가 3만의 병력을 이끌고 출병해 한신의 보급로를 끊겠습니다. 승상께서는 정형의 진지를 굳게 지키면서 저들에게 유용한 물자를 모두 제거해주십시오. 이렇게 하면 한신과 장이는 나아가 싸울 수도, 물러서서 돌아갈 수도 없고 산과 들판에서 먹을 것을 찾을 수도 없어 결국 열흘 안에 목을 내놓을 겁니다."

하지만 진여는 그의 의견에 반대했다.

"의로운 군대는 모략을 쓰지 않는다. 하물며 한신의 군대는 스스로 수만 명이라고는 하지만 사실 수천 명에 불과하다. 먼 길을 달려와 이미 지칠 대로 지쳐 있고 말이다. 이런 적과 정면승부를 하지 않는다면 남들이 어떻게 보겠으며 그다음에는 또 어떻게 하겠느냐?"

이좌거는 어쩔 도리가 없었다.

사실 이좌거의 계책이야말로 한신이 두려워하던 것이었다. 밀정을 통해 이 소식을 들은 한신은 기뻐하며 즉시 명령을 내렸다.

"모두 간단히 식사를 하고서 오늘 조나라군을 격파한 뒤 크게 연회를 갖자!"

이 수상쩍은 명령에 장수들은 허리를 숙이며 답하면서도 모두 긴가민가했다.

한신은 또 명했다.

“1만의 병력으로 강을 건너 물을 등지고 진을 쳐라.”

이것은 더욱 터무니없는 명령이었다. 역사적으로 그렇게 싸운 예는 없었다. 그 광경을 멀리서 바라보던 조나라군 장병들도 하나같이 배꼽을 쥐고 웃었다.

한신은 대장 깃발을 곧추세우고 북을 울리며 진군했다. 이때 조나라군에게 한신 따위는 안중에도 없었을 것이다. 그들은 곧장 진영을 열고 싸우러 나왔다. 한신과 장이는 싸우면서 점점 물러난 끝에 강가에 이르렀다. 깃발과 북도 중간에 내던진 상태였다.

이쯤 되면 승부가 이미 끝났다고 생각한 조나라군은 전 병력이 한나라군의 깃발을 취하려고 쟁탈전을 벌였다. 그들은 이 틈을 이용해 한신이 전날 저녁 근처에 매복해둔 2000기의 경기병이 자신들의 텅 빈 진영에 들어가 조나라군 깃발을 붉은 한나라군 깃발로 죄다 바꿔 놓을 줄은 꿈에도 몰랐다.

이와 동시에 강가까지 몰린 한나라군도 퇴로가 없다는 생각에 목숨을 걸고 사투를 벌였다. 앞에서는 이길 수 없고 뒤로는 돌아갈 곳이 없어진 조나라군은 크게 당황하여 투지가 싹 사라졌다. 이와 반대로 한나라군은 투지가 더 불타올랐다. 그들이 강가와 조나라군 진영, 이 양쪽에서 협공을 전개하자 조나라 군사들은 진열이 크게 흐트러져 모두 죽거나 투항했다.

대승을 거둔 한신은 진여를 참수하고 조헐을 사로잡았다.

나중에 장수들이 어떤 전술을 쓴 것이냐고 가르침을 청하자 한신은 다음과 같이 말했다.

"본래 병법에 있는 것인데 너희가 소홀히 했을 뿐이다. 『손자병법』을 보면 병사들을 '죽을 곳에 빠뜨려야 살고, 망할 곳에 놓아야 생존한다陷之死地而後生, 置之亡地而後存'라는 말이 있다. 우리 부대는 엄격한 군사훈련을 받은 적이 없어서 오합지졸을 싸움터로 내몬 것과 같았다. 그러니 사지로 몰아넣지 않았으면 어떻게 이길 수 있었겠느냐?"

이것이 정형의 전투였다. 이 전투를 통해 한신은 항우의 '파부침주'와 마찬가지로 '배수진背水陣'이라는 고사성어를 후대에 남겼다.

정형은 확실히 한신의 거룩이었다.

그런데 한신은 결코 승리에 취해 정신이 흐려지지 않았다. 자기가 누구 덕분에 이겼는지 똑똑히 기억하고 있었다. 그래서 이좌거가 포로 신분으로 압송되어 왔을 때 그는 친히 그의 포승을 풀어주고 손님자리에 앉힌 뒤, 마치 제자처럼 공손히 가르침을 청했다.

이좌거는 감당할 수가 없어 안절부절못했다.

"패한 군대의 장군은 감히 용감한 척하지 못하고 망한 나라의 대부는 삶을 강구할 수 없습니다. 저는 장군의 포로인데 어찌 감히 헛소리를 지껄이겠습니까?"

한신은 말했다.

"그렇지 않소. 하마터면 이 한신이 포로가 될 뻔했소이다."

이좌거는 그제야 말문을 열었다.

"지혜로운 자도 생각이 많다 보면 반드시 하나쯤 실수가 있고, 어리석은 자도 많이 생각하다 보면 반드시 하나쯤 얻는 것이 있다智者千慮, 必有一失, 愚者千慮, 必有一得"고 들었습니다. 장군께서 이토록 호의를 베풀어주시니 저는 한마음으로 충성을 다하겠습니다. 제가 보기에 장군의 장점은 싸우는 족족 이기는 것이지만 단점은 너무 오래 싸워 군대를 지치게 하는 겁니다. 따라서 강한 제나라든 약한 연나라든 지금은 공격하시면 안 됩니다."

한신이 물었다.

"그러면 어찌해야 좋겠소?"

이좌거는 말했다.

"병사들에게 갑옷을 풀고 쉬게 하십시오."

그것은 옳은 소리였다. 이좌거의 말처럼 한신은 그 자리에서 쉬면서 힘을 축적해 군비를 확충하는 것이 상책이었다. 그렇게 강해진 다음에 다시 외교와 전쟁을 병행한다면 싸우지 않고 연나라와 제나라의 군대를 굴복시킬 수도 있었다.

한신은 이좌거의 건의를 받아들였다. 그가 겸허히 패배자에게 가르침을 청한 것은 더욱 인정할 만하다. 사실 큰일을 도모하는 사람은 단 하루도 게을러서는 안 되며 단 한 가지 일도 소홀히 해서는 안 된다. 한신은 이를 실천했으므로 당연히 성공할 수밖에 없었다.

그러나 안타깝게도 유방은 찬성하지 않았다.

유방은 유방대로 이유가 있었다. 당시 초나라와 한나라의 전쟁은 교착 상태였다. 또한 유방의 대군은 형양에서 항우에게 포위되어 급히 병력을 늘려 그 답답한 상황을 타개해야만 했다. 그러니 한신이 쉬면서 군비를 확충할 때까지 기다려줄 인내심이 있을 리 없었다.

8개월 후의 어느 날 아침, 잠에서 깬 한신과 장이는 자신들의 인장과 병부兵符(군사를 부리고 명령을 내리는 데 쓰이던 증빙물로 옥이나 구리, 돌로 만들어졌다)가 사라지고 유방이 친히 장병들을 지휘하고 있는 것을 발견했다. 알고 보니 유방이 하후영 한 사람만 대동하고 와서 사신이라 속여 군영에 들어온 뒤, 한신과 장이가 자는 틈에 병권을 탈취한 것이었다.

한신은 어쩔 수 없이 제나라를 치러 갔다.

그런데 뜻밖에도 제나라가 항복을 했다.

제왕 전광에게 항복을 권한 사람은 과거에 유방이 진나라를 멸하도록 도운, 고양의 술꾼 역이기였다. 그는 유방의 밀명을 받고 전광을 만나 이렇게 말했다.

"향후 천하가 누구에게 돌아갈지 아십니까? 한나라입니다. 왜 한나라에게 돌아갈지 아십니까? 항우는 천하를 독식하겠지만 유방은 다른 사람과 천하를 나눠 가질 것이기 때문입니다. 따라서 먼저 한나라에 투항하는 편이 유리합니다. 뒤에 굴복하는 자는 먼저 망할 것입니다."

전광은 일리 있는 말이라고 생각해 곧장 한나라에 투항했다.[12]

헛되이 출격한 셈이 된 한신은 철군할 준비를 했다.

그런데 괴통이 이를 반대하고 나섰다.

괴통도 종횡가였다. 진승의 시대에 무신을 도와 범양 현령 서공에게 투항을 권유한 사람이 바로 그였다. 종횡가는 일반적으로 상황을 복잡하게 만들려는 성향이 있는데 그는 다음과 같이 말했다.

"역이기가 세치 혀로 제나라 70여 개 성을 얻었는데 장군은 수만 명의 군대를 지휘하여 겨우 조나라 50여 개 성을 얻었습니다. 설마 장군의 몇 년간의 분전이 저 역이기의 몇 마디 말보다 못하겠습니까?"

한신은 말했다.

"하지만 제나라는 이미 투항했네."

"그렇다고 한왕이 철군 명령을 내린 건 아니지 않습니까?"

한신은 문득 크게 깨달았다.

한나라 4년 10월, 즉 정형의 전투가 있은 지 1년 뒤에 한신은 제나라에 입성했다. 제왕 전광은 자기가 속임수에 당했다고 생각해 역이기를 기름 솥에 던져 넣었다. 당시 무방비 상태였던 제나라는 한신의 적수가 되지 못했다. 항우가 부랴부랴 구원병을 보내주긴 했지만 처

12 『사기』「역생육가열전」 참고.

참하게 전멸하고 말았다. 이렇게 제나라 70여 개 성이 고스란히 한신의 수중에 들어갔다.

한신은 제왕이 되었다.

결정적인
한 표

한신은 별로 정정당당하게 왕위를 얻지는 못했다.

제나라를 평정한 후, 한신은 유방에게 편지를 보냈다. 제나라인은 교활하고 변덕이 심하여 누군가 눌러 제압할 필요가 있으므로 자기가 제왕을 대행하겠다는 내용이었다.

유방은 발끈했다. 그가 보기에 그것은 갈취나 다름없었다. 당시 유방은 형양에서 항우에게 포위되어 한신이 구해주러 오기만을 밤낮으로 기다리고 있었다. 그런데 한신이 딱 이런 시점에 제왕 대행이 되겠다고 하니 이건 마치 남의 약점을 이용해 돈을 뜯어내는 것과 같지 않은가?

그래서 유방은 실컷 욕을 퍼부었다.

이때 그의 곁에는 장량과 진평陳平이 있었다. 각기 한나라 2년 10월과 3월에 유방에게 투신한 그들은 물론 지금 한신의 노여움을 사서도, 그가 왕이 되는 것을 막아서도 안 된다는 것을 잘 알고 있었다. 차라리 인심을 쓰는 척하며 같은 편으로 끌어들이는 것이 나았다.

두 사람은 유방에게 은근히 눈치를 주었다.

유방은 그들의 뜻을 금세 깨달았다. 하지만 이미 시작한 욕을 멈출 수가 없었다.

"한신, 이 못난 개자식 같으니! 대장부라면 공을 세우고 사업을 일으켜 조상을 빛내야 마땅하거늘, 제왕을 하려면 그냥 할 것이지 대행은 또 뭐야?"

결국 장량에게 인장을 맡겨 제나라로 보내 한신을 왕으로 봉했다.

한신이 왕이 된 것은 한나라 4년 2월이었다. 그가 제나라에 입성한 지 넉 달 만의 일이었다. 그래서 천하의 최고 실력자가 세 명이 되었다. 그들은 초왕 항우, 한왕 유방, 제왕 한신이었다. 한신은 지위가 수직상승했다.

그에게는 모사와 세객說客도 생겼다.

이름이 무섭武涉인 그 세객은 항우가 파견한 인물이었다. 당시 한신의 모사는 괴통으로 늘 한신 곁을 따라다녔다. 두 사람은 내력은 달랐지만 판단은 일치했다. 둘 다 한신이 이미 유방과 항우 이외의 제3세력이 되어 천하의 균형을 결정할 수 있다고 생각했다. 만약 한신의 발이 유방 쪽을 향하면 한나라가, 항우 쪽을 향하면 초나라가 이길 게 뻔했다. 어느 쪽으로도 향하지 않고 중립을 지킨다면 당연히

누구도 이길 수 없었다.[13]

전체 국면에서 한신의 존재는 실로 중요하기 그지없었다.

그러나 두 사람의 건의는 일치하지 않았다. 무섭은 한신이 초나라를 도와야 한다고 했지만 괴통의 생각은 달랐다. 그리고 무섭의 건의는 금세 거부당했다.

한신은 무섭에게 이렇게 말했다.

"옛날에 나는 항왕項王(항우)을 섬겼지만 관직은 낭중郎中에 불과했고 지위는 창을 들고 보초를 서는 데 그쳤네. 그는 내가 말을 해도 듣지 않고 계책을 올려도 따르지 않았지. 그래서 나는 초나라를 등지고 한나라를 따랐네. 반면에 한왕은 나를 상장군으로 임명해 수십만의 군대를 주었으며 내 말을 듣고 내 계책에 따랐지. 그래서 비로소 오늘의 내가 있게 되었네. 그런데 내가 왜 한나라를 등지고 초나라를 따르겠나? 선생은 나를 대신해 항왕께 사죄의 말을 전해주게."

그런데 괴통의 건의에 대해서도 한신은 망설였다.

괴통의 방안은 무엇이었을까?

천하를 셋으로 나눠 한신이 그중 하나를 차지하는 것이었다.

이 방안은 이치에 맞고 이로운데다 실행 가능성도 컸다.

괴통은 말했다.

"의병이 처음 일어났을 때, 영웅호걸들이 팔을 휘두르며 소리치자 식견 있는 사람들이 저마다 호응하여 구름처럼 몰려들고, 고기비늘처

13 무섭은 "현재 두 왕의 일은 저울추가 귀하에게 있습니다. 귀하가 오른쪽으로 추를 던지면 한왕이 이길 것이고 왼쪽으로 추를 던지면 항왕이 이길 것입니다當今二王之事, 權在足下. 足下右投則漢王勝, 左投則項王勝"라고 했고 괴통은 "현재 두 주군의 목숨은 귀하에게 달렸습니다. 귀하가 한나라를 위하면 한나라가 이길 것이고 초나라를 위하면 초나라가 이길 것입니다當今二主之命懸于足下. 足下爲漢則漢勝, 爲楚則楚勝"라고 했다. 두 사람의 말은 그 의미가 완전히 똑같다.

럼 밀집하고, 바람처럼 일어났습니다. 그때 사람들은 포악한 진나라를 멸하는 것 말고는 아무것도 생각하지 못했습니다."

그러면 지금은 어떨까? 초나라와 한나라의 전쟁으로 인해 무고한 사람들이 참살을 당하고 천하의 백성들이 다 비참한 상황에 처해 있었다.

괴통의 생각은 분명했다. 이런 전쟁은 빨리 끝내야 한다는 것이었다.

그런데 누가 끝낼 수 있을까?

바로 한신이었다.

한신이 어떻게 끝낼 수 있을까?

우선 병력을 가만히 놔두고 어느 쪽도 돕지 말아야 한다. 그러고서 스스로 힘을 키우다가 때가 되면 제나라를 근거로 하여 연나라, 조나라와 손을 잡고 서쪽으로 출병한다. 그러면 틀림없이 천하가 호응할 것이다.

괴통은 이 방안이 통할 것이라고 자신했다.

"유방과 항우가 서로 맞선 지 벌써 3년이 지났습니다. 양쪽 모두 병력의 손실이 심하고 식량이 바닥난 상태에서 백성들의 원성을 사고 있습니다. 저들은 더 이상 동원할 힘이 남아 있지 않습니다. 제왕께서 움직이지 않으시면 감히 선제공격을 할 엄두를 내지 못할 것입니다."

그것은 실로 하늘이 내린 기회였다.

그래서 괴통은 한신에게 어서 결정을 내리라고 종용했다.

"하늘이 내린 기회를 받지 않으면 죄를 짓게 되며 하늘이 내린 기회를 행하지 않으면 재앙을 당하게 됩니다. 또한 결단을 내려야 하는데 내리지 못하면 난리를 겪게 됩니다."

이것은 옳은 말이었을까?

옳은 말이었다. 왜냐하면 한신은 이미 항우의 제안을 거절한 상태였기 때문이다. 중립을 안 지키면 유방을 도울 수밖에 없었다. 그러나 이 유방이라는 자는 믿을 수 없는 인물이었다. 무섭은 그가 야심은 크되 품행은 저열하다고 하면서 이렇게 말했다.

"우리 항왕께서 여러 차례 동정을 베풀었는데도 불구하고 유방은 위기만 모면하면 바로 이빨을 드러냈습니다. 귀하가 지금까지 살아계신 것은 다 항왕이 건재하시기 때문입니다. 만약 항왕에게 변고가 생긴다면 그다음은 귀하의 차례입니다!"

괴통은 더 나아가 이런 지적을 했다.

"정치 투쟁에서 교분이나 우정 따위는 믿을 것이 못 됩니다. 장이와 진여를 보십시오. 서로 반목하여 철천지원수가 되지 않았습니까? 왜 그렇겠습니까? 용기와 지략이 주인을 능가하면 목숨이 위태롭고 공이 너무 크면 상을 못 받는 법입니다."

한신이 바로 그런 경우였다. 그의 명망과 공은 이미 세상에서 으뜸이었다. 괴통은 또 말했다.

"주인을 능가하면서 공이 너무 크면 초나라에 귀순해도 초나라인의 의심을 사고 한나라에 귀순해도 한나라인의 두려움을 사니 어쩔 수 없이 중립을 지켜야 합니다. 중립을 안 지키면 죽는 길밖에 없습니다!"

역사는 이 말이 옳다는 것을 증명한다.

그러나 한신은 두 번 세 번 망설인 끝에 유방에게 한 표를 던졌다.

한신이 왜 무섭의 말도, 괴통의 말도 듣지 않았느냐에 대해서는 사람마다 생각이 다를 것이다. 차마 한나라를 배신하지 못한 것일 수도 있고 내심 요행을 바란 것일 수도 있다. 하지만 그가 은혜를 잊지 않은 점만은 긍정할 만하다.

실제로 그는 무섭과 괴통에게 이런 말을 했다.

"나는 한왕에게 태산 같은 은혜를 입었네. 그는 자기 옷을 벗어 내게 입혀주었고 자기 밥을 덜어 내게 먹여주었으며 자기가 타던 수레에 나를 앉혀주었지. 듣건대 남의 수레를 탔으면 그의 재난을 책임져줘야 하고 남의 옷을 입었으면 그와 근심을 나눠야 하며 남의 밥을 먹었으면 그에게 목숨을 내줘야 한다고 하네. 그러니 내가 어떻게 이익 앞에서 의리를 저버릴 수 있겠나?"

그러나 한신은 한나라를 배신하지도, 군대를 보내주지도 않았다.

유방은 할 수 없이 장량에게 가르침을 청했다. 장량의 계책은 간단했다. 승리한 뒤에 진 현 동쪽의 땅은 한신에게, 수양睢陽 북쪽의 땅은 팽월에게 주겠다고 약속을 해주라는 것이었다. 유방은 망설임 없이 동의했다. 그로부터 두 달 뒤, 한신의 제나라군과 팽월의 위나라군이 연이어 도착했다. 그러고서 한, 제, 위 세 나라 군대가 함께 출발해 해하垓下(지금의 안후이 성 링비靈璧)에서 항우와 격돌했다.[14]

항우는 죽을 때가 되었다.

14 『사기』「항우본기」와 『사기』「위표팽월열전」 참고.

패왕의 최후

항우는 본래 죽지 않을 수 있었다. 심지어 패하지 않을 수도 있었다.[15]

사실 초한전쟁이 한나라 4년 8월에 이르렀을 때, 양쪽 모두 더 싸우고 싶은 마음이 사라졌다. 특히 병력과 물자의 소진이 극심했던 항우 쪽이 더 그랬다. 그래서 항우가 유방의 부친과 아내를 돌려주고 초나라와 한나라가 천하를 가운데에서 나눠 갖는다는 조약이 체결되었다.

천하를 가르는 분계선의 이름은 홍구鴻溝였다. 홍구는 본래 고대의 운하로서 전국시대 위나라 혜왕惠王 10년(기원전 360)에 만들어졌다. 그 물길은 지금의 허난 성 싱양滎陽에서 황하 물을 끌어들여 화이양에 이르러 영수潁水로 흘러들었다. 바로 이 홍구를 경계 삼아 서쪽은 한나라, 동쪽은 초나라가 되었다.

조약이 체결되자 초나라군은 환호성을 질렀다.

15 이번 절의 항우 관련 내용은 『사기』 「항우본기」 참고.

그러나 장량과 진평은 유방에게 따로 계책을 올렸다.

"우리 한나라는 이미 천하를 절반 이상 차지했고 식량과 마초도 충분하므로 항우는 더 버티기 어렵습니다. 이것은 하늘이 내린 기회입니다. 이런 좋은 기회는 다시 오지 않을 테니 절대 후환을 남기시면 안 됩니다."

유방은 그들의 의견이 옳다고 판단하여 홍구를 넘어가기로 결정했다.

한나라 5년 10월, 평화조약을 맺은 지 두 달 만에 유방은 독단적으로 조약을 깨고 군대를 몰아 고릉固陵(지금의 허난 성 화이양)까지 초나라 군을 추격했다. 또 두 달 뒤에는 한신과 팽월의 군대와 함께 해하에서 항우를 포위했다.

서초의 패왕은 이제 미인과 이별해야만 했다.

그때 밤은 이미 깊었고 사방에서 초나라 노래가 울려퍼졌으며 왕의 장막 안에는 커다란 촛불이, 장막 밖에는 환한 횃불이 켜져 있었다. 이미 형세를 돌이킬 수 없음을 깨달은 항우는 그 마지막 순간에 우虞라는 미녀와 추騅라는 준마가 마음에 걸렸다.

항우는 술잔의 술을 깨끗이 비운 뒤, 자리에서 일어나 비장한 노래를 읊조렸다.

힘은 산을 뽑고 기운은 세상을 뒤덮는데 力拔山兮氣蓋世
시운이 이롭지 못하니 추도 나아가지 않네 時不利兮騅不逝

추가 나아가지 않으니 어찌해야 하는가 騅不逝兮可奈何
우야, 우야, 그대를 어찌해야 하는가 虞兮虞兮奈若何

이 노래는 항우가 직접 지어 불렀다. 그가 이 노래를 여러 번 부르자 우미인 역시 슬픈 화답의 노래를 지어 불렀다. 이때 옆에 있던 사람들은 하나같이 감동을 받아 깊이 고개를 숙인 채 눈물을 흘렸다.

항우의 얼굴도 온통 눈물로 얼룩졌다.

"아아, 우야, 우야, 그대를 어찌해야 하는가!"

우미인이 결국 어떻게 되었는지는 아무도 모른다. 추가 강동으로 돌아간 것만 알려져 있다. 항우와 그의 형제들은 영원히 강서에 남았다.[16]

그날 밤, 항우는 기병 800기를 이끌고 포위망을 뚫었다. 그들은 회하淮河를 건너 음령陰嶺(지금의 안후이 성 딩위안定遠 서북쪽)에 도달했지만 그곳에서 길을 잃었다. 그래서 항우는 의연히 병사들을 이끌고 동쪽으로 향하여 동성東城(지금의 안후이 성 딩위안 동남쪽)으로 쇄도했다. 그때 그의 곁에는 겨우 28기의 기병밖에 남아 있지 않았다.

하지만 그의 투지는 전혀 사그라지지 않았다.

자신의 호위 장수들에게 그는 말했다.

"내가 군사를 일으킨 지 벌써 8년이 넘었고 70여 회의 전투를 치르면서 한 번도 패한 적이 없었다. 그런데 이번에는 하늘이 나를 죽이려

16 우미인이 노래를 마치고 스스로 목을 베었다는 이야기와, 『초한춘추楚漢春秋』에 기재된 우미인과 그녀의 노래 관련 기록은 모두 소설가의 말이므로 신빙성이 없다.

나보구나! 그래도 너희를 위해 또다시 통쾌하게 싸워볼 테니 지금 곤경에 처한 것이 내가 싸움을 못해서인지, 하늘이 나를 멸하려 해서인지 한번 지켜보거라."

말을 마치고 그가 소리지르며 돌진하니 한나라군은 초목처럼 쓰러지고 흩어지며 목이 날아갔다.

항우는 크게 웃으며 장수들을 돌아보았다.

"자, 어떠냐?"

호위 장수들은 일제히 바닥에 엎드려 한목소리로 외쳤다.

"대왕이 말씀하신 바와 같습니다."

그것은 정말 심하게 치기 어린 행동이었다!

당시 항우의 심리 상태가 어땠을지 추측하기는 매우 어렵다. 70여 회나 싸웠으니 이미 지쳤을 수도 있고 그 70여 회의 싸움에서 모두 이겼으니 이제 됐다고 느꼈을 수도 있다. 아니면 본래 천하나 왕위 같은 것은 그리 대수롭지 않게 생각했을 수도 있다. 그는 단지 영웅적으로 통쾌한 일생을 살 수 있기를, 또한 삶과 전장에서 물러날 때 훌륭하게 대미를 장식할 수 있기를 바랐다.

그래서 그는 '결전'을 포기하고 '쾌전快戰'을 택한 것이다.[17]

마찬가지 이유로 그는 강동으로 건너가는 것을 포기했다.

사실 항우가 오강烏江에 다다랐을 때 그곳에서는 배 한 척이 그를 기다리고 있었다. 더구나 배를 모는 오강의 정장亭長이 오강 전체에

17 이 부분의 "오늘 본디 죽음이 정해져 있지만 원컨대 그대들을 위해 통쾌히 싸우겠노라今日固決死, 願爲諸君快戰"에서 '快戰'을 '決戰'이라고 기록한 판본도 있다.

배라고는 그 작은 배 한 척밖에 없기 때문에 한나라군은 절대로 강을 건너 쫓아올 수 없다고 장담했다.

그러나 항우는 그 정장의 호의를 거절했다. 아끼던 애마, 추를 강 건너에 데려다달라고 부탁했을 뿐 자신은 배에 오르지 않았다. 그때 항우는 이렇게 말했다.

"하늘이 나를 죽이려는데 내가 강을 건너 뭐하겠는가? 과거에 나는 강동의 자제 8000명을 데리고 강을 건너왔는데 지금 단 한 명도 살아 돌아가지 못하니 내가 무슨 낯으로 돌아가 그 부모들을 만나겠는가? 그들이 아무 말 하지 않더라도 나는 부끄러움을 지울 수 없다."

항우는 싸우다 죽기로 마음먹었다.

죽음을 각오한 사람은 아무도 막을 수 없다. 항우는 이미 중상을 입었는데도 적들은 무서워서 그를 겹겹이 에워싸기만 하고 감히 손을 쓰지 못했다. 항우가 한나라 장수 왕예王翳에게 웃으며 말했다.

"귀국에서 내 목에 천금과 만호萬戶를 상으로 내걸었다고 들었다. 내가 그대에게 선심을 쓰지!"

말을 마치고서 항우는 단칼에 자신의 목을 베었다.

왕예가 황급히 항우의 목을 낚아채는 순간, 다른 한나라 장수들도 몰려와 필사적으로 쟁탈전을 벌였다. 결국 다섯 장수가 항우의 시체를 나눠 가져, 유방이 상으로 내건 땅을 골고루 차지했다.

한 영웅의 일생은 이렇듯 그 끝이 좋지 못했다.

그것은 항우의 비극이자 나아가 시대의 비극이었다.

사실 월왕 구천이 충신 문종文種을 죽이고 소진과 장의가 사기와 권모술수로 벼락출세를 한 후로 한 시대가 이미 막을 내렸다. 막을 내린 그 시대는 영웅적인 기질과 귀족정신이 가득한, 호랑이와 표범의 시대였다. 반면 그 후의 시대는 권력과 이익을 추종하는, 늑대와 양의 시대로서 갈수록 평범하고 비열해졌다.

그래서 우리는 이런 광경을 목격하게 된다. 영웅적 기질과 귀족정신을 대표하는 호랑이나 표범이 초원에서 외롭게 숨을 거두면 한 무리의 비열한 늑대와 평범한 양들이 몰려와 그 시체를 제멋대로 유린한다. 그들은 각자 표범 가죽이나 호랑이 뼈를 한 조각씩 입에 물고 돌아가서 상을 탈 채비를 한다. 하지만 얼마 전까지만 해도 그들은 감히 그 호랑이나 표범의 눈조차 쳐다보지 못했다.

그 늑대와 양들의 우두머리가 바로 유방이었다.

유방과 항우

유방과 항우는 서로 다른 종류의 인간이었다.

이 점은 한신과 진평이 가장 잘 이해했다. 두 사람은 초나라 진영에서 한나라 진영으로 옮겨왔기 때문이었다. 또한 그들의 견해는 대체로 일치했다.[18]

먼저 한신의 경우를 보자.

한신은 대장군으로 임명된 후 유방과 한 차례 긴 대화를 나누었다. 그때 유방은 한신에게 이런 질문을 했다.

"소 승상은 과인에게 여러 차례 장군을 추천했소. 장군은 어떤 대책으로 과인에게 가르침을 주시겠소?"

하지만 한신은 질문에 답하는 대신 일어나서 허리를 굽히며 유방에게 반문했다.

"지금 대왕과 천하를 다투는 자가 항왕이 맞습니까?"

18 한신의 견해는 『사기』「회음후열전」을, 진평의 견해는 『사기』「진승상세가」 참고.

"그렇소."

한신은 또 물었다.

"대왕이 짐작하시기에 개인적인 용맹함과 병력의 강함에 있어 항왕과 겨루실 수 있습니까?"

유방은 한참을 생각한 끝에 솔직하게 말했다.

"내가 그보다 못하오."

한신은 다시 일어나서 허리를 굽혔다.

"옳은 말씀이십니다. 이 한신도 그렇다고 생각합니다. 그러나 항왕에게는 두 가지 치명적인 약점이 있습니다. 그것은 필부匹夫의 용기와 부녀자의 어짊입니다."

필부의 용기란 무엇일까? 추측해 말하자면 그것은 개인적 영웅주의다. 항우가 보기에 천하에 영웅은 오직 한 사람, 바로 자신뿐이었다. 그래서 항우는 직접 총사령관을 맡고 적진 깊이 돌격하는 것을 즐겼다. 나아가 싸울 때마다 솔선수범하여 장병들을 이끄니 당연히 대적할 상대가 없었다. 하지만 그 결과가 어떠했는가?

다른 이들을 머저리나 겁쟁이로 취급하다가 결국 싸울 기회 자체를 잃고 말았다.

그것은 사실 그 자신이 스스로를 고립시킨 결과였다.

필부의 용기를 뽐내는 자는 반드시 부녀자의 어짊을 행하기 마련이다. 항우는 다치거나 병이 난 장병들을 보면 음식과 약을 주고 정성

껏 보살폈다. 그런데 공을 세운 장병들에게 상을 줄 때가 되면 관인官印을 꼭 쥐고 만지작거리다가 그 모서리가 둥글게 닳은 뒤에야 아까워하며 내주곤 했다. 그야말로 쩨쩨하기 그지없었다.

쩨쩨한 사람은 대부분 도량이 좁다. 역이기는 항우에 대해 "남의 공은 기억하지 않으면서 남의 죄는 잊는 법이 없고 누가 전투에서 이겨도 상을 주지 않는다"라고 말했다. 이런 사람을 누가 기꺼이 따르겠는가?[19]

그러나 유방은 달랐다. 그의 측근들의 출신을 보면 장량은 귀족이었고 진평은 가난한 서생이었으며, 소하는 아전, 한신은 부랑자, 번쾌는 개백정, 관영灌嬰은 포목상, 누경婁敬은 수레꾼, 팽월은 강도, 주발周勃은 악사였다. 유방은 이들을 차별 없이 대하고 각자의 재능을 다 발휘하게 했으며 누가 자신을 오합지졸의 우두머리라 불러도 전혀 개의치 않았다.

그렇다. 유방은 본래 불량배였지만 불량배 중의 영웅이었고 심지어 타고난 리더였다. 그는 정책을 결정하고 인재를 쓰는 데 능했으며 일단 인재를 쓰면 충분히 밀어주고 포상을 아끼지 않았다.

이와 관련해 진평은 인상 깊은 체험을 했다.

진평은 초나라 진영에서 한나라 진영으로 도망쳐왔다. 그런데 도망온 지 얼마 안 되어 다른 사람의 질투를 사서 고발을 당했다. 그 죄명은 "형수와 사통을 한 적이 있고 뇌물을 받았으며 변덕이 심하다"는

19 『사기』「역생육가열전」 참고.

것이었다. 유방은 이 고발을 접하자마자 위무지魏無知를 불러 꾸짖었다. 그가 처음에 진평을 추천한 장본인이었기 때문이다.

그러나 위무지는 전혀 당황하지 않고 말했다.

"진평에게 애인이 있는지 없는지, 뇌물을 받았는지 안 받았는지 소신은 전혀 모릅니다. 소신이 아는 것은 그에게 재능이 있다는 것뿐입니다. 대왕에게 필요한 것은 인재인데 왜 굳이 남의 사생활에 신경을 쓰십니까?"

그래서 유방은 진평을 불러 이야기를 나눴다.

"선생은 먼저 위나라를 섬기다가 초나라를 섬겼고 지금은 또 과인을 따르고 있소. 충성스러운 사람이라면 이렇게 자꾸 딴마음을 품으면 안 되지 않소?"

진평은 이렇게 답했다.

"맞습니다. 소신은 위왕과 항왕을 차례로 모셨습니다. 하지만 위왕은 사람을 쓸 줄 몰라 하는 수 없이 항왕에게 투신했고 항왕은 사람을 믿을 줄 몰라 역시 하는 수 없이 대왕에게 투신했습니다. 소신은 무일푼으로 혼자 도망쳐나와서 다른 사람의 금전적 도움 없이는 살 수가 없었습니다. 대왕께서 소신의 계책이 취할 만하다고 여기신다면 청컨대 소신을 써주십시오. 반대로 전혀 취할 게 없다고 여기신다면 물러나게 해주십시오. 다른 사람에게 받은 돈은 한 푼도 빠짐없이 나라에 바치겠습니다."

유방은 이 말을 듣자마자 일어나서 진평에게 사과를 한 뒤 후한 선물을 내렸을 뿐만 아니라 그를 호군중위護軍中尉(헌병대장)로 임명했다.

나중에 진평이 이간책으로 항우를 상대하자고 건의했을 때도 유방은 선뜻 구리 4만 근을 지급해 그가 마음대로 사용하게 했다. 결국 진평은 잔꾀를 부려 범증과 종리매鍾離昧가 항우의 신뢰를 잃게 만드는 데 성공했다.

그래서 진평은 한신 등과 마찬가지로 항우는 실패하고 유방은 성공할 것이라고 생각했다. 하지만 그의 평가는 더 철저했다. 언젠가 그는 유방의 면전에서 이런 논평을 했다.

"항왕은 예의가 바르고 사람을 사랑하는데 대왕은 무례하고 저속합니다. 그러나 항왕은 인색하고 옹졸한데 대왕은 씀씀이가 대범합니다. 그래서 다들 한나라 진영으로 오는 겁니다."

이 말은 핵심을 정확히 짚고 있다.

그렇다. 개인적인 능력과 매력을 보면 유방은 결코 항우의 상대가 아니었다. 하지만 천하의 큰일은 한 사람의 힘만으로는 이룰 수 없다. 그렇다면 천하를 움직일 수 있는 집단은 무엇에 의지해 이뤄질까?

유방이 의지한 것은 이익이었다.

이 점은 유방 집단 내의 누구도 굳이 숨기려 하지 않았다. 유방은 황제가 된 후 신하들에게 이런 질문을 던졌다.

"짐은 성공하고 항왕은 패한 이유가 무엇인가?"

장군 고기高起와 왕릉王陵이 말했다.

"폐하는 사람을 보내 성을 빼앗으면 그에게 상을 주셨으니 이는 천하와 이익을 함께한 것이었습니다. 그러나 항우는 전투에서 이겨도 사람들의 공을 무시하고 이익을 독차지했으니 천하를 잃는 것이 마땅했습니다."

유방은 동의하면서도 한 가지를 덧붙였다.

"짐은 사람을 쓸 줄 알았다."[20]

사실 그가 사람을 잘 썼던 것도 이익을 베풀 줄 알았기 때문이다. 그래서 항우 곁에는 깨끗한 군자가 많았고 유방 곁에는 돈과 여색을 밝히는 속물이 많았다.

다만 그들 모두 매우 유능했다.

여기에서 또 한 가지 문제가 대두된다. 사람을 쓰는 기준은 무엇인가?

이 점에 관해서는 위무지가 유방을 대신해 답한 바 있다.

왜 진평 같은 자를 추천했느냐고 유방이 질책하자 위무지는 이렇게 말했다.

"소신이 본 것은 재능인데 대왕이 물으시는 것은 품행입니다. 그렇다면 한 마디 여쭙겠습니다. 지금 천하의 효자가 있는데 할 줄 아는 게 전혀 없다면 대왕은 그를 쓰시겠습니까?"

유방은 꿀 먹은 벙어리가 되었다.

20 『사기』「고조본기」 참고.

그렇다. 형수와 사통하고 뇌물을 받은 부덕한 자도 헌병대장이 되었는데 더 말할 필요가 있을까?[21]

하지만 그렇다고 해서 유방과 항우의 차이가 덕과 재능에 있었던 것만은 아니다. 사실 항우도 부덕한 짓을 적잖이 저질렀다. 언젠가 유방은 항우의 면전에서 그의 열 가지 큰 죄를 열거하며 꾸짖은 적이 있다. 예를 들어 주군을 시해하고, 투항한 적들을 죽이고, 약속을 어기고, 재물을 탐한 것 등이었는데 그 대부분이 사실이었다.[22]

항우의 개인적 매력은 미학적인 매력이었을 뿐 도덕적인 매력은 아니었다.

항우는 확실히 멋있었다. 그의 치기와 무용담, 미인과의 이별 등은 모두 멋있기 그지없었다. 반대로 실용주의적이고 공리주의적이었던 유방은 멋진 구석이 한군데도 없었다. 그래서 후대 사람들 대부분은 항우를 동정하고 유방을 마음에 들어하지 않았다. 항우를 동정하고 찬양할 때 그들은, 투항한 장병 20만 명을 몰살하고 여러 차례 성의 양민들을 학살했으며 군대를 동원해 방화와 강간을 일삼았던 항우의 죄상은 전혀 돌아보지 않았다.[23]

아름다움을 중시하면 항우를, 실리를 중시하면 유방을 택하는 것이 맞다. 그리고 귀족의 시대는 아름다움을, 평민의 시대는 실리를 중시한다. 역사가 유방을 택한 것은 시대가 변했고 또 변하지 않을 수 없었음을 말해준다.

21 『사기』「진승상세가」 참고.
22 『사기』「항우본기」 참고.
23 유방과 항우의 비교에 관해서는 졸저 『품인록』 참고.

한나라 5년 2월, 유방은 정도定陶에서 황제의 자리에 올랐다. 이어서 7년 반 뒤, 이미 장안으로 도읍을 정한 그는 고향인 패 현으로 돌아가 친족과 이웃 사람들을 불러놓고 술자리를 벌였다. 술이 거나해졌을 때 유방은 친히 거문고를 타며 노래를 지어 불렀다.

큰 바람 부니 구름이 높이 날아가네	大風起兮雲飛揚
천하에 위엄을 떨치고 고향에 돌아왔네	威加海內兮歸故鄕
어떻게 용사들을 얻어 사방을 지킬까	安得猛士兮守四方

이 노래에 호응하는 소리가 사방에 울려 퍼졌다. 유방은 자리에서 일어나 춤을 추기 시작했다. 감정이 북받쳐 그의 얼굴에 몇 줄기 눈물이 흘러내렸다. 그는 친지들의 손을 잡으며 말했다.

"타향에서도 고향이 무척 그리웠소. 어쩔 수 없이 도읍은 관중 땅에 정하기는 했지만 백년 뒤, 그래도 내 혼백은 이곳 패 현으로 돌아올 것이오."[24]

유방은 무정하기는 하지만 냉혹하지는 않았고 또 현실적이기는 하지만 낭만이 전혀 없지는 않았던 것 같다. 하지만 그는 어쨌든 냉혹하고 무정하며 비인간적인 제도, 권력욕과 금전욕으로 영웅적 기질과 귀족정신을 대체하게 될 제도를 대표했다. 더욱이 그 제도는 장장 2000여 년간 계속될 운명이었다.

24 『사기』「항우본기」 참고.

새로운 시대가 시작되었다.

그 시대는 진나라에서 시작되었다.

한신은 하늘을 우러러 길게 탄식했다.
"토끼가 죽으면 사냥개를 삶아먹고 새를 다 잡으면 좋은 활을 숨기며
적국을 무찌르면 신하를 죽이려 한다더니!"

제5장

진나라는 죽지 않았다

새로운 혁명이 낡은 문제에 부닥치다

토사구팽의 이유

한신의 죽음

진나라주의

독재는 필연이었다

진나라 멸망의 교훈

새로운 혁명이 낡은 문제에 부닥치다

유방이 황제가 되면서 진나라는 정식으로 한나라가 되었다. 그 전의 진 왕조, 진나라 시대, 진 제국은 이제 한 왕조, 한나라 시대, 한 제국이 되었다. 양자 사이의 4년 반(54개월)은 이름이 없다.

그 이름은 항우가 잃어버렸다.

어쩌면 잃어버린 것이 당연했다. 왜냐하면 그때는 호걸들이 분분히 일어나 진나라를 멸한 상황이어서 천하가 어느 누구의 것도 아니었기 때문이다. 단지 항우가 자신의 강한 힘을 이용해 그들이 천하를 나눠 갖는 것을 주재했을 따름이다.

애석하게도 초 패왕(항우)은 주나라 천자가 아니었고 초 회왕은 더욱 아니었다. 따라서 그 당시에 천하는 초나라라고 불릴 수 없었다. 다른 사람도 그렇지만 항우 자신도 그것을 원치 않았다. 회왕을 '초제'가 아니라 '의제' 즉 가짜 황제라고 부른 것이 그 증거다. 그래서 한 명의 가짜 황제와 한 무리의 고만고만한 왕들이 진나라 멸망 후의 국면을 이루었다.

결과적으로 천하는 엉망진창이 되고 말았다.

유방은 이런 전철을 다시 밟을 수 없었다.

더욱이 유방은 본래 항우와는 달랐다. 그는 엄연히 '한제漢帝'였으며 그의 천하도 엄연히 한나라의 천하였다. 그러나 유방은 영정(진시황)과도 달랐다. 영정의 천하는 확실히 진나라의 천하였고 그와 나눠 가질 사람도 없었으므로 그는 봉건제를 폐하고 군현제를 실시하여 중앙집권의 통일제국을 건설할 수 있었다.

유방도 그럴 수 있었을까?

그럴 수 없었다. 왜냐하면 천하는 그만의 것도, 그와 그의 부하들이 단독으로 취한 것도 아니었기 때문이다. 조왕 장오張敖, 연왕 장도臧荼, 제왕 한신, 한왕 한신韓信(전국시대 한나라 양왕襄王의 손자. 제왕 한신과 구별하기 위해 앞으로 한왕 신으로 표기), 회남왕 영포, 형산왕衡山王 오예吳芮가 진작부터 왕이라 칭하거나 왕으로 봉해졌으며 팽월 역시 약속에 따라 곧 왕으로 봉해줘야만 했다.

그런데 문제는 군현제 혹은 제국제도가 대세라는 사실이었다. 누구든 역사의 흐름을 거스르면 반동이라 불린다. 반동은 끝이 안 좋기 마련이며 사실 유방도 군현제를 더 선호했다. 과거에 그는 옹왕 장한, 새왕 사마흔, 적왕 동예, 하남왕 신양, 은왕 사마앙의 기반을 빼앗아 군현으로 개조한 바 있었다. 그런데 지금 와서 그것을 원상회복시킨다는 것은 상상하기 어려웠다.

역사의 중요한 시점에서 유방은 선택의 기로에 놓였다.

주나라의 제도냐, 진나라의 제도냐?

방국이냐, 제국이냐?

봉건제냐, 군현제냐?

새로운 혁명이 낡은 문제에 부닥쳤다.

그러나 선택의 기준은 의외로 간단했다. 무엇보다도 어떻게 천하를 안정시키고 민심을 가라앉힐지 고려해야 했다. 가장 좋은 방법은 제도적 안배를 통해 장기적 안정의 기초를 다지는 것이었다. 이것은 새로 세워진 정권들이 공통적으로 맞닥뜨렸던 큰 문제였다. 주공 희단姬旦도, 진왕 영정도 이를 고민했었고 이번에는 유방의 차례였다.

유방에게는 선택의 여지가 별로 없었다. 봉해야 할 왕은 꼭 봉해야 했고 세워야 할 군현도 꼭 세워야 했다. 그는 어쩔 수 없이 먼저 왕을 봉하고 그다음에 군현을 세웠다. 반봉건, 반군현이었던 것이다.

유방은 조왕 장오, 연왕 장도, 회남왕 영포는 본래대로 유지시키고, 직함만 있고 봉지는 없던 한왕 신은 양적陽翟(지금의 허난 성 위저우禹州)에 도읍을 두게 했으며 위나라 재상 팽월은 양왕梁王에 봉해 정도에 도읍을 두게 했다. 아울러 형산왕 오예는 장사왕으로 바꿔 임상臨湘(지금의 후난 성 창사長沙)에, 제왕 한신은 초왕으로 바꿔 하비下邳(지금의 장

쑤 성 쑤이닝睢寧)에 도읍을 두게 했다.[1]

이 일곱 명은 이성왕異姓王으로서 유방의 자식이 아니었다. 또한 유방의 부하들은 왕이 아니라 후侯로 봉해졌다. 후는 왕과 차이가 컸다. 왕은 제후로서 왕국의 통치권을 가졌지만 후는 열후列侯로서 주어진 봉지에 대해 재산권만 가졌다. 즉, 봉지에 사는 세대들에 일정한 토지세와 요역을 부과할 권리만 있었다. 보통은 1000호戶를 가졌고 1만 호가 최대였으며 1만 호를 가진 후는 만호후萬戶侯라 불렸다.

후는 봉지의 규모 면에서도 왕에 한참 못 미쳤다. 왕의 영지는 적게는 한 군郡, 많게는 여러 군에 이르렀다. 후는 보통은 커봐야 한 현이어서 이를 현후縣侯라 했으며 그다음은 향후鄕侯, 또 그다음은 정후亭侯였다. 현, 향, 정은 모두 군현제의 행정 단위로서 현지 정부에 의해 관리되었다. 후에게는 관리 권한이 없었다.

요컨대 왕국 이외의 지역은 모두 군현이었다.

이것이 바로 유방이 설립한 '반봉건제'였으며 '군국제郡國制'라고도 불렸다. 이것은 서주의 봉건제와 마찬가지로 정치적 투쟁과 타협의 산물이었다.

그러면 비로소 천하가 안정되었을까?

그렇지 않았다.

유방이 황제가 된 지 몇 달 만에 연왕 장도가 반란을 일으켰다.[2] 그 후로 장사왕 오예를 제외한 다른 다섯 왕도 반란을 일으키거나 반란

1 『사기』「고조본기」 참고.

2 『사기』「고조본기」에 따르면 유방이 제위에 오른 것은 한나라 5년 정월이고 장도의 반란은 10월이다. 그런데 『자치통감』 11권을 보면 전자는 한나라 5년 2월, 후자는 7월이다.

을 일으킨 것으로 간주되었다. 그런데 흥미롭게도 그들 중 진심으로 반란을 꾀했던 왕은 장도밖에 없었다.[3] 다른 왕들은 궁지에 몰려 그랬거나 억울한 누명을 뒤집어썼다.

장오를 예로 들어보자.

장오는 조왕 장이의 아들이자 유방의 딸인 노원공주의 남편이었다. 그는 자신의 장인인 황제 유방에게 충성을 다했다. 그러나 유방은 그를 대단히 무례하게 대했으며 심지어 입만 열면 욕을 했다. 이로 인해 조나라 재상 관고貫高 등은 불만을 품었다. 그들은 장오를 찾아가 반란을 일으키자고 부추겼다.

조왕 장오는 한사코 거부하다가 급한 마음에 손가락을 물어뜯어 피를 흘리기까지 했다.

관고 등은 자기들끼리 일을 꾸미고 모든 결과를 책임지기로 결정했다. 한나라 8년 겨울, 유방이 반란을 평정하러 조나라를 지날 때 관고 등은 백인柏人(지금의 허베이 성 룽야오隆堯)에서 그를 암살할 준비를 했다. 그런데 그가 갑자기 경로를 바꾸는 바람에 미수에 그치고 말았다.

이 암살 미수 사건의 결과로 장오와 관고는 둘 다 체포되었다. 관고는 옥중에서 혹형을 받으면서도 끝까지 조왕은 그 사건과 무관하다고 주장했다. 유방은 진상을 다 밝힌 후, 장오를 석방했을 뿐만 아니라 관고도 사면해주었다.

조사 책임자가 명을 받들어 감옥으로 이 소식을 전하러 갔다.

3 연나라 장수였던 장도는 항우에 의해 연왕으로 봉해졌으며 본래 연왕이었던 한광은 요동왕으로 강등되었다. 한광이 요동으로 떠나려 하지 않자 장도는 그를 죽이고 요동까지 합병했다. 『사기』「항우본기」 참고. 이 사람은 초한전쟁에서 대체로 중립을 지켰다.

관고가 물었다.

"조왕이 정말로 석방되셨소?"

"그렇소. 뿐만 아니라 황제께서는 귀하를 대장부라 여기시고 역시 사면하셨소."

그러나 관고는 이렇게 말했다.

"내가 이렇게 만신창이가 되어서도 구차하게 살아 있었던 것은 조왕의 억울함을 밝히지 못할까 두려워서였소. 조왕이 출옥하셨으니 나는 이미 책임을 다했소. 신하된 자로서 역모의 죄를 지었으니 내가 무슨 면목으로 황제를 모시겠소이까?"

그리고 관고는 자살했다.[4]

장오는 구사일생으로 목숨을 건졌지만 왕위와 왕국을 동시에 잃었다. 유방은 그를 후작으로 강등하고 그를 대신해 자신의 총희, 척부인戚夫人의 아들인 여의如意를 조왕으로 세웠다. 그것은 물론 억울한 일이었지만 그래도 가장 억울한 일은 아니었다.

가장 억울한 사람은 팽월이었다.

팽월에게는 반란의 뜻이 전혀 없었다. 단지 유방이 친히 반란을 평정하러 나섰을 때 병을 핑계로 참전하지 않았을 따름이다. 팽월이 무슨 생각으로 그랬는지는 확실치 않다. 정말 몸이 안 좋았을 수도 있고 병력의 손실을 피하려고 그랬을 수도 있다. 어쨌든 그것은 기껏해야 소극적인 태업 정도에 불과했는데 모반죄로 체포되었다. 더구나

4 장오와 관고의 이야기는 『사기』 「장이진여열전」 참고.

유방은 팽월의 삼족을 멸했을 뿐만 아니라 그의 시신을 다지고 소금에 절여서 제후들에게 나눠주었다.[5]

혹시 유방이 제정신이 아니었던 것은 아닐까?

그런 것 같지는 않다.

5 팽월의 이야기는 『사기』「위표팽월열전」을, 그의 시신이 소금에 절여진 것은 『사기』「경포열전黥布列傳」 참고.

토사구팽의 이유

유방은 정신병자도 살인마도 아니었다. 이는 그가 정작 죽여야 할 자들을 죽이지 않은 것만 봐도 알 수 있다.

관고도 그랬고 난포欒布도 그랬다.

난포는 양나라의 대부였다. 양왕 팽월이 체포되었을 때 그는 마침 제나라에 사신으로 가 있었다. 그가 일을 마치고 돌아왔을 때 뤄양의 성루에는 이미 팽월의 목이 걸려 있었다. 이때 유방은 감히 시신을 수습하거나 살피러 오는 자가 있으면 즉각 목숨을 빼앗으라는 엄명을 내렸다.

그러나 난포는 전혀 개의치 않았다. 팽월의 목 아래로 가서 사신으로 다녀온 일을 차분히 보고한 뒤, 절을 하며 대성통곡을 했다.

그것은 난포에게 너무나 당연한 일이었다. 팽월은 공적으로 그의 국왕이었으므로 팽월 앞에서 격식에 따라 일을 보고해야 마땅했다.

팽월은 사적으로도 그의 은인이었으므로 당연히 슬퍼하고 애도해야 했다. 따라서 그의 행동에는 전혀 틀린 것이 없었다.

그러나 유방에게 그것은 공공연한 항명이었다.

그래서 현장을 지키던 관리가 난포를 체포해 데려왔을 때, 유방은 대로하여 그를 기름 솥에 던져 넣으라고 명했다.

난포는 조용히 유방에게 물었다.

"마지막으로 한 말씀 드려도 되겠습니까?"

"말하라!"

"과거에 황제께서 팽성에서 발이 묶이고, 형양에서 패하고, 성고城皐에서 위기를 당했을 때 항우가 서쪽으로 끝까지 추격해오지 못한 것은 팽왕이 대량大梁을 지키며 한나라와 연합했기 때문입니다. 그때 팽왕이 조금이라도 외면했다면 오늘이 있었겠습니까?"

유방은 할 말이 없었다.

난포는 또 말했다.

"팽왕이 살해된 지금, 제가 사는 것이 더 무슨 의미가 있겠습니까? 청컨대 저 스스로 솥에 뛰어들게 해주십시오!"

유방은 즉시 난포를 풀어주라 명하고 그를 도위로 임명했다.[6]

괴통도 비슷한 예다.

앞에서 말했듯이 유방과 항우가 서로 엎치락뒤치락할 때 괴통은 한신에게 중립을 지키면서 대등한 세력이 되라고 권했다. 한신은 죽

6 『사기』「계포난포열전季布欒布列傳」 참고.

기 직전, 애초에 자기가 왜 괴통의 말을 듣지 않았는지 크게 후회했다. 이 이야기를 전해 들은 유방은 곧바로 괴통을 잡아오게 했다.

유방이 물었다.

"과거에 네가 한신에게 모반을 하라고 했느냐?"

괴통은 말했다.

"확실히 그랬습니다. 하지만 그 애송이 녀석이 소신의 말을 듣지 않았죠. 만약 들었다면 폐하는 지금과 같지 않았겠지요."

유방은 수하들에게 명했다.

"이 자를 죽여라!"

이에 괴통이 맞서서 소리쳤다.

"억울합니다!"

"한신에게 모반을 하라고 해놓고 뭐가 억울하다는 것이냐?"

"진나라가 망하자 천하의 호걸들이 앞다퉈 일어났습니다. 그때 저는 한신이 있는 것만 알았지 폐하가 계신지는 몰랐습니다. 또한 그때는 칼을 갈며 폐하를 노리는 자들이 수도 없이 많았습니다. 설마 그들도 전부 죽이시겠습니까?"

이 말을 들은 유방은 일리가 있다고 여겨 그를 풀어주었다.

괴통이 한신에게 모반을 하라고 한 것과 관고가 유방을 암살하려 한 것은 다 사실이었고 본인들도 부정하지 않았다. 그런데도 유방이 그들을 죽이지 않은 것은 그들이 정면으로 대들었음에도 불구하고 냉정함을 유지할 수 있었기 때문이다. 이런 사람을 제정신이 아니라고 보기는 힘들다.

따라서 그의 살인 행위에는 한 가지 이유밖에 없었다. 그것은 정치적 필요였다.

이 점은 팽월 사건을 보면 명확히 알 수 있다.

팽월을 체포한 후, 유방은 그가 억울하다는 것을 알고 있었으므로 죽이지는 않고 평민으로 떨어뜨려 촉군蜀郡으로 귀양을 보냈다. 그런데 귀양을 가는 길에 팽월은 우연히 여후를 만났고 그녀에게 자신의 억울함을 눈물로 호소했다. 여후는 즉시 그를 데리고 돌아왔지만 유방에게 전혀 뜻밖의 건의를 했다.

"팽월은 잠재력이 큰 자이니 미리 화근을 제거하지 않으면 후환이 있지 않을까 두렵습니다."

그래서 유방은 팽월을 다시 심판해 목숨을 빼앗았다.

이번에는 한왕 신의 예를 보자.

한왕 신의 모반은 흉노를 이기지 못해 부득이 투항하여 그들에게 협조했기 때문이다. 그런데 한왕 신이 본래 받은 봉지인 영천潁川은 흉노와 한참 떨어진 지역이었는데 어째서 그는 흉노의 침략에 계속 시달리다 투항까지 하게 되었을까?

유방이 그의 봉지를 영천에서 태원太原으로 변경했기 때문이다.

그러면 유방은 왜 그런 조치를 취했을까?

영천은 북쪽으로는 공鞏 현(지금의 허난 성 궁이鞏義), 뤄양과 가깝고 남쪽으로는 완성宛城(지금의 허난 성 난양南陽), 섭현葉縣(지금의 허난 성 예葉 현)과 인접해 있으며 동쪽으로는 회양淮陽(지금의 허난 성 화이양淮陽)이 있었다. 이곳들은 전부 정예병을 보유한 지역이어서 유방은 직접 자기 수중에 넣고 관리하지 않을 수 없었다.[7]

이것이 곧 유방이 대량 학살을 벌인 실제 원인이었다.

유방은 천하를 얻은 뒤에 마지못해 7명의 이성왕을 책봉하거나 승인해야만 했다. 그러나 나라가 작고 힘이 미약했던 장사왕 오예를 제외하고는 어느 왕에 대해서도 마음을 놓지 못했다. 그런 까닭에 한왕 신의 봉지를 변경하고, 조왕 장오에게서 나라를 빼앗고, 양왕 팽월을 모함하여 죽인 것이다. 한왕 신과 조왕 장오의 경우는 그들의 땅을 원했기 때문이며, 양왕 팽월의 경우는 팽월의 잠재력을 경계했기 때문이다.

유방의 탐욕과 경계와 시기심은 더 이상 감춰질 수 없었다.

그 결과, 회남왕 영포가 반기를 들었다.

영포는 마지막에서 두 번째로 제거당한 이성왕이었다. 그보다 앞서 연왕 장도, 한왕 신, 조왕 장오, 초왕 한신, 양왕 팽월이 차례로 제거되었고, 그보다 뒤에는 연왕 노관盧綰이 제거되었다. 노관은 연왕 장도가 제거된 후 봉해졌지만 한나라 12년에 다시 제거되었고 유방의 아들 유건劉建이 그 자리를 차지했다.

7 한왕 신의 이야기는 『사기』 「한신노관열전韓信盧綰列傳」 참고.

그렇다면 혹시 영포가 반기를 들지 않았어도 유방은 그를 제거했을까?

단언하기는 어렵다. 그러나 영포의 왕국은 장강 하류의 구강, 여강廬江, 형산衡山, 예장豫章 이 네 군을 포괄하여 오늘날의 안후이 성과 장시 성 전체와 맞먹었다. 이렇게 광대한 지역을 유방은 언제까지나 남의 손에 맡기지는 않았을 것이다.

영포는 반기를 들지 않을 수 없었다. 유방의 측근 하후영이 언젠가 어느 현자에게 이런 질문을 했다.

"황제께서 자기를 박정하게 대하지도 않았는데 영포가 왜 반란을 일으키려 하는지 모르겠소."

현자는 말했다.

"영포는 위험을 느낀 겁니다. 오늘날 천하에서 세운 공이 주인을 능가한 인물은 한신, 팽월, 영포입니다. 그러니 생각해보십시오. 작년에 팽월을 죽였고 재작년에 한신을 죽였으니 올해는 영포의 차례가 아니겠습니까? 차라리 스스로 반란을 일으키는 편이 낫다고 생각할 만하지요."

그래도 영포는 역시 영포였다. 그는 일찍이 진승의 시대에 군사를 일으키고 항량의 시대에 종군한 노익장이었다. 그래서 유방과 용성庸城(지금의 안후이 성 쑤저우宿州)에서 서로 군대를 이끌고 마주쳤을 때, 그는 전혀 부끄러운 빛이 없었다.

유방이 물었다.

"너는 무엇 때문에 반란을 일으켰느냐?"

영포가 답했다.

"이 몸은 황제가 되고 싶다!"[8]

이 말은 멋있기는 했지만 안타깝게도 황제는 한 명일 수밖에 없었다. 한나라 12년 10월, 영포는 전사했고 회남왕의 자리는 유방의 아들 유장劉長에게 넘어갔다.

영포는 실패했다.

8 『사기』「경포열전」 참고.

한신의 죽음

한신은 자신이 죽을 것이라고는 생각지도 못했다.

실제로 유방도 본래는 한신을 죽일 생각이 없었다. 한신은 마지막에 여후에게 살해당했다. 건국 초에 유방은 단지 그를 제왕에서 초왕으로 바꿔 봉하기만 했다. 물론 이 조치에는 유방의 잔꾀가 담겨 있었다. 제나라가 얼마나 중요한 지역인데 마음 놓고 한신에게 넘기겠는가? 게다가 제왕의 자리는 일찍이 한신이 자신에게 갈취한 것이나 다름없어서 유방으로서는 기분이 썩 좋지 않았다.

하지만 유방이 내세운 이유 자체는 아주 정당했다. 의제에게 후손이 없는데다 한신이 초나라인이기 때문이라는 것이 그 이유였다. 초나라인이 금의환향하여 고향을 다스리는 셈이니 얼마나 바람직한 일인가?[9]

한신 본인도 이 조치가 꽤 마음에 들었던 것 같다. 그는 고향으로

9 『사기』「고조본기」 참고.

돌아가 과거에 자신을 도와준 이들과 모욕한 이들을 찾아내 전자에게는 사례를 하고 후자는 너그러이 용서하면서 사람들과 즐거이 어울렸다. 유방의 호의를 결코 저버리지 않은 셈이었다.[10]

애석하게도 이런 좋은 광경은 오래가지 않았다. 한신이 초왕 자리에 오른 지 겨우 반년 만에 누군가 조정에 글을 올려 그를 모반죄로 고발했다. 누가 무슨 동기로 그 글을 써서 올렸는지는 이미 알 길이 없다. 그러나 조정의 장수들은 거의 똑같은 반응을 보였다. 그들은 이구동성으로 말했다.

"청컨대 즉시 군대를 보내 그 자를 산 채로 파묻으십시오!"

한신은 아무래도 인간관계가 안 좋았던 것 같다.

유방은 즉답을 피하고 진평에게 의견을 물었다.

진평은 대답을 회피했지만 유방은 집요하게 계속 물었다.

이에 진평이 유방에게 묻기 시작했다.

"한신이 모반했다는 고발이 들어온 것을 다른 사람들도 알고 있습니까?"

"그렇지 않네."

"한신 자신은 압니까?"

"알지 못하네."

"폐하의 군대는 한신보다 더 우수합니까?"

"한신에게는 못 미치지."

10 이번 절의 한신 관련 내용은 따로 주를 달지 않고 『사기』 「회음후열전」 참고.

"폐하의 장수들은 한신보다 더 강합니까?"

"더 약하다네."

"한신에 비해 군대도 우수하지 않고 장수들도 강하지 않은데 군대를 보내 그를 토벌한다면 모반을 하도록 내모는 꼴이 아닙니까?"

"그러면 어찌해야 되는가?"

진평은 말했다.

"단지 한신만 상대해도 된다면 백만 대군은 쓸 필요가 없습니다. 병사 한 명이면 족합니다. 청컨대 황제께서는 거짓으로 운몽택雲夢澤(수많은 호수가 모여 있던 초나라의 명승지)을 돌아보겠다고 하십시오. 천자가 순시를 하면 제후는 반드시 도성 밖으로 마중을 나와야 합니다. 그때 은밀히 사로잡으면 됩니다."

이 계책이 그럴듯하다고 여긴 유방은 즉시 남쪽으로 순방을 간다고 세상에 선포했다.[11]

조서가 초나라에 전달되었고 한신은 크게 당황했다.

한신은 왜 도둑이 제 발 저리듯 했을까? 왜냐하면 초나라의 명장 종리매를 숨겨주고 있었기 때문이다. 유방이 전국에 수배령을 내린 요주의범이 뜻밖에 그의 보호 아래 있었던 것이다. 자신의 안전을 위해 한신은 부득이 양심의 가책을 무릅쓰고 종리매를 죽여 그의 수급을 유방에게 가져갔다.

유방은 끄덕도 하지 않고 한신을 포박해 수레에 싣게 했다. 한신은

11 『사기』「진승상세가」 참고.

하늘을 향해 길게 탄식했다.

"토끼가 죽으면 사냥개를 삶아먹고 새를 다 잡으면 좋은 활을 숨기며 적국敵國을 무찌르면 신하를 죽이려 한다더니. 이제 천하가 평정되어 내가 죽게 되었구나!"

유방이 그를 돌아보며 말했다.

"닥쳐라! 네가 보기에 반역의 증거가 아직도 부족하더냐?"

그러나 한신은 살해당하지 않고 회음후淮陰侯로 강등되는 데 그쳤다. 유방은 그의 권력과 땅을 바랐을 뿐 그의 목숨까지는 바라지 않았던 것 같다.

그런데 이번에는 한신 스스로 모반의 마음을 품었다.

한나라 10년 9월, 장수 진희陳豨가 변경에서 반란을 일으켜 스스로 대왕代王이라 칭했다. 유방은 직접 원정을 떠났지만 한신은 병을 핑계로 따라가지 않고 몰래 진희에게 편지를 보내 수도에서 내응하기로 했다. 그러나 일처리가 주도면밀하지 못하여 부하에게 밀고를 당했다.

밀고를 접한 여후는 즉시 소하와 상의한 뒤, 변경에서 유방이 대승을 거둬 진희가 죽었으니 모두 입궁하여 경축하라고 후들과 신하들에게 통보했다. 한신은 조금 꺼림칙하기는 했지만 감히 안 갈 수는 없었다. 더구나 그 통보는 소하가 전한 것이었다. 결국 그는 궁궐에 들어가자마자 양쪽에 숨어 있던 무사들에게 붙잡혀 장락궁의 종실鍾室(종각에서 종을 매단 방)에서 여후에 의해 사형에 처해졌다.

한신의 죽음은 역사가들이 즐겨 이야기해온 주제였고 문학작품에서도 반복적으로 다뤄졌다. 그러면서 많은 사람이 한신의 모반을 억울하게 조작된 사건으로 간주하게 되었다. 가장 힘 있고 조건이 좋을 때도 모반하지 않은 그가 연금 상태나 다름없는 처지에서 모반을 했을 리가 없다는 것이다. 단지 그 사건은 유방과 여후에 의해 조작되고 사실처럼 굳어져 사마천도 뒤집을 수 없었을 뿐이라는 것이 그들의 생각이다.

이 문제는 관점에 따라 다르게 볼 수 있다. 하지만 이 사건이 여후의 소행 혹은 여후와 소하의 공모와 관계가 있다는 것만은 확실하다. 과거에 밤길을 재촉해 한신을 뒤쫓아간 소하가 왜 여후와 손을 잡았는지는 분명치 않다. 그리고 또 한 가지 확실한 것은 유방이 한신의 죽음에 기뻐하면서도 조금은 유감스러워했으리라는 사실이다.

그러면 변경으로 떠나기 전, 유방은 한신에 대해 여후에게 전권을 부여하거나 무슨 암시를 주었을까? 역시 분명치 않다. 그러나 여후가 사전에 미리 지시를 청하지 않고 사후에도 연락을 취하지 않은 데에는 당연히 어떤 이유가 있었을 것이다. 어쨌든 여후는 유방보다 훨씬 더 악랄했다. 추호의 망설임도 연민도 없이 말끔하게 한신을 제거했다. 그제야 한신은 애초에 괴통의 말을 듣지 않아 부녀자에게 참살당하게 된 것을 통렬히 후회했다.

그렇다. 그는 항우가 부녀자의 어짊을 가졌다고 비웃었으면서도 그

약점이 자신에게도 있는 것을 몰랐다. 또한 부녀자라고 다 어진 것은 아니라는 사실도 몰랐다.

하지만 그는 자기가 유방의 적수가 아닌 것만은 잘 알고 있었다.

한신이 회음후로 강등된 뒤, 유방은 자주 그를 찾아가 이야기를 나눴다. 그들은 함께 지난 세월을 기억하면서 여러 장수의 재능에 관해 논했다. 한번은 유방이 한신에게 이런 질문을 했다.

"나 같은 사람은 병사를 얼마나 이끌 수 있는가?"

한신은 말했다.

"10만을 넘기기 힘듭니다."

유방은 또 물었다.

"그러면 자네는?"

"많으면 많을수록 좋습니다."

유방은 껄껄 웃었다.

"그런 사람이 왜 나한테 붙잡혔는가?"

"폐하는 병사를 잘 다스리지 못하지만 장수는 잘 다스립니다. 이것이 제가 폐하를 이길 수 없는 이유입니다. 게다가 폐하는 하늘이 내린 재주를 가졌으니 어느 누구도 따라갈 수 없습니다."

한신이 피살된 것은 한나라 11년 정월이었다. 그와 동시에 한왕 신도 피살되었다. 한 달 뒤인 동년 3월에는 팽월이 삼족을 몰살당하는 화를 입었다. 이어서 넉 달이 지난 동년 7월에는 회남왕 영포가 반기를 들었다. 그로부터 석 달 뒤인 한나라 12년 10월, 유방과 영포가 결전을 가졌다. 이때 영포는 패하여 피살되었으며 유방은 화살에 맞아 반년 뒤 숨을 거뒀다.

영웅과 효웅들이 이렇게 한 명 한 명 무대에서 퇴장했다. 그들은 왜 하나같이 비참한 실패의 운명을 맞았을까?

아마도 이 질문의 답은 진시황에게 구해야 할 것이다.

진나라주의

진시황의 시체는 셴양에 도착했을 때 이미 부패된 상태였다.

당연히 그럴 수밖에 없었다. 그가 사구에서 죽은 것은 7월이었는데 여산에 묻힌 것은 9월이었다. 그렇게 오래 먼 길을 온데다 뜨거운 여름이었으니 부패되지 않았으면 오히려 이상했을 것이다. 그래서 혹자는 그의 시체가 아예 운구된 적이 없다고, 운구가 불가능했다고 주장한다. 수레에 실려와 황제의 능에 묻힌 것은 다른 사람의 시체였다는 것이다.[12]

그랬을 가능성도 없지는 않다.

그런데 진시황이 실제로 어디에 묻혔든 그가 이룬 사업은 묻히지 않았다. 진시황이 죽은 뒤에도 진나라는 건재했다. 유방과 그의 후계자들은 진시황의 유산을 고스란히 물려받았다. 그가 개척한 영토, 그가 고안한 제도, 그가 건설한 도로 그리고 그 배후의 이상까지.

12 마자오펑馬兆鋒의 『영웅시대英雄時代』 참고.

진시황에게도 이상이 있었을까?

당연히 있었다.[13]

증명할 자료는 없지만 천하를 취한 뒤, 진시황은 그 옛날 주나라 무왕처럼 개국開國의 제사를 성대히 열었다. 이때 그는 세 가지 점을 명확히 인식했다. 첫째, 자신의 업적이 전대미문의 것이고 둘째, 자신이 세운 제도가 장차 계속될 것이며 셋째, 자신의 사업이 성공하면 영원히 전쟁이 사라지고 평화가 실현될 것이라고 여겼다.[14]

이처럼 그의 이상은 원대하기 그지없었다.

진시황이 왜 그런 생각을 했는지는 아무도 알 수 없다. 아마도 전란 속에 성장한 세대로서 그는 전쟁에 대해 고유한 관점을 갖고 있었을 것이다. 그가 보기에 전쟁은 혐오스러운 것이었으며 전쟁의 근원은 곧 제후들이 난립한 봉건제였다.

진시황의 이런 관점은 옳았을까?

어느 정도 일리가 있다. 통계에 따르면 춘추시대 80여 년간 정나라가 참가한 전쟁이 72회가 넘었고 송나라의 참전 역시 최소 46회에 달했다. 그들이 전쟁을 수행한 것은 때로는 패주의 명령에 따르기 위해, 때로는 자기 방어를 위해 그리고 때로는 남을 침략하기 위해서였다.[15]

큰 물고기는 작은 물고기를 먹고 작은 물고기는 새우를 먹기 마련이다.

13 타이완 학자 두웨이윈杜維運은 기원전 221년 진시황이 칭제를 할 때 신하들과 함께 일종의 '순수하고 원대한 이상'을 품고 있었다고 말했다. 두웨이윈의 『중국통사』(타이완 싼민서국三民書局) 참고.

14 첫째는 이사 등이 "천하를 군과 현으로 삼고 법령으로 통일한 것은 상고 이래로 없었던 일로서 오제조차 해내지 못했다海內爲郡縣, 法令由一統, 自上古以來未嘗有, 五帝所不及"라고 한 말에서 증명되고 둘째는 진시황이 "짐은 시황제다. 내 후손들은 숫자대로 이세, 삼세, 만세까지 영원토록 이어질 것이다朕爲始皇帝. 後世以計數, 二世三世至於萬世, 傳之無窮"라고 한 말에서 증명된다. 그리고 셋째는 역시 진시황이 "천하가 전쟁이 끊이지 않아 고통을 받은 것은 제후왕이 있어서였다. 종묘의 신령에 힘입어 천하가 비로소 평정되었는데 다시 왕국을 세우는 것은 화근을 심는 것이다天下

사실 춘추시대에 의로운 전쟁이란 없었다. 춘추시대의 전쟁은 태반이 침략전쟁이었다. 전국시대에는 더 그랬다. 이민족의 침입에 대항한 전쟁도 있었지만 화하민족 사이의 내전이 더 많았다. 또한 처음에는 나라 간 최고의 권위를 다투는 데 불과했지만 나중에는 다른 나라에 대한 겸병으로 발전했다. 즉, 앞에서 말한 80여 년간 단지 초나라만 따져도 강江, 육六, 요蓼, 용庸, 소蕭 다섯 나라와 군서群舒(지금의 안후이 성 북부에 살았던 소수민족)를 멸했다.

다른 나라들도 가만있지 않았다. 제나라는 내萊나라를, 진秦나라는 활滑나라를, 노나라는 주邾나라를, 거莒나라는 증鄫나라를 멸했다. 거나라는 또 나중에 초나라에게 멸망당했다. 그때도 다른 나라를 겸병할 수 있는 기회를 그냥 놓치는 법이 없었다.[16]

그러면 이것은 중국적인 상황이거나 군주제의 폐해였을까?

꼭 그렇지는 않다. 군주제가 아니었던 고대 그리스도 마찬가지로 전쟁이 빈번했다. 독립과 자유와 평등의 폴리스들 역시 중국 동주시대의 나라들처럼 싸움을 벌이곤 했다. 민주제의 아테네와 귀족제의 스파르타는 그리스 반도의 패권을 놓고 장장 27년간의 펠로폰네소스 전쟁을 벌였다. 그것은 춘추시대 진晉나라와 초나라의 패권 전쟁과 거의 맞먹었다.

더 볼썽사나웠던 것은 그 내전에서 승리를 거두려고 그들이 그리스의 숙적인 페르시아와도 서슴없이 결탁했다는 사실이다. 생각해보

共苦戰鬪不休, 以有侯王. 賴宗廟, 天下初定, 又復立國, 是樹兵也"라고 한 말에서 증명된다. 『사기』「진시황본기」 참고.

15 그 80년간은 성복城濮의 전투부터 담판湛阪의 전투까지다. 장인린의 『중국통사』 참고.

16 강은 지금의 허난 성 정양正陽에, 육은 지금의 안후이 성 루안六安에, 요는 지금의 허난 성 구스固始에, 용은 지금의 후베이 성 주산竹山에, 소는 지금의 안후이 성 샤오蕭에, 내는 지금의 산둥 성 룽커우龍口에, 활은 지금의 허난 성 옌스偃師에, 주는 곧 추鄒로서 지금의 산둥 성 쩌우청鄒城에 있었다.

면 이런 일들이 대체 제도와 무슨 관계가 있을까? 더욱이 폴리스제도 하의 그리스는 본래 세계사에서 예외에 속했는데도 말이다.[17]

사실 분산된 작은 부락국가에서 상대적으로 강한 독립왕국을 거쳐 전쟁을 통해 거대한 통일 제국이 되는 것이 세계의 거의 모든 민족의 공통된 노선이었다. 이집트, 인도, 바빌로니아가 모두 그러했다. 로마조차 500년간 공화정을 지키다가 끝내 더 버티지 못했다. 그리스인은 스스로 그 변화를 감당하지 못해 어쩔 수 없이 마케도니아인에게 과업을 넘겼다.[18]

역사의 조류는 대체로 그러했다.

진시황은 당연히 세계사를 공부한 적도 없고 인류 문명의 역사적 진전을 사유했을 리도 없다. 그의 생각은 아마 단순했을 것이다. 어차피 군주가 있어야 한다면 국왕이 무더기로 있는 것보다는 황제 한 명이 있는 것이 낫다고 여겼을 것이다.

이것이 바로 진시황의 주의, 진국주의秦國主義였다.

진국주의의 핵심 키워드는 황제였다. 그래서 그들은 황제를 위해 일련의 특권과 전용 명사를 규정했다. 황제가 지시를 내리는 것을 '제制'라 했고 명령을 반포하는 것을 '조詔'라 했으며 황제가 자신을 가리키는 호칭을 '짐朕'이라 했다(과거에 주나라 왕은 '불곡不穀', 제후는 '과인寡人'이라 했다). 짐은 본래 '자신'이라는 뜻이었다. 그 전까지는 누구나 이 말을 쓸 수 있었지만 이제는 그럴 수 없었다.

17 구준顧准의『그리스 폴리스제도希臘城邦制度』참고.

18 구준의「통일 전제제국, 노예제, 아시아적 생산방식과 전쟁統一的專制帝國, 奴隸制, 亞細亞生產方式及戰爭」이라는 글 참고. 이 글은 이미『구준문집』에 수록되었다.

그런데 황제가 생기면서 천하는 과연 태평해졌을까?

그렇지 않았다. 오히려 더 흉흉해졌다. 황제의 자리 자체가 가장 큰 유혹이 되었기 때문이다. 일찍이 장오가 반란죄로 무고를 당했을 때 여후조차 나서서 그를 변호했다. 아내인 노원공주를 봐서라도 그가 역모를 꿈꿨을 리 없다는 것이었다. 하지만 유방의 생각은 달랐다.

"왜 그랬을 리 없다는 건가? 그가 천하를 얻으면 노원공주 정도는 얼마든지 취할 수 있지 않은가?"[19]

확실히 천하에 황제가 한 명만 있다는 것만으로는 부족했다. 그 황위를 빼앗기지 않도록 보장해야만 했다. 이런 관점에서 볼 때 유방은 진시황이 끝내지 못한 사업을 마치고 진국주의를 완성해가고 있었다. 한신과 팽월과 영포의 불행은 역사의 그 중요한 전환점을 살아간 것에 있었다.

한나라 초의 대량 학살은 그렇게 이해할 수밖에 없다.

그러나 유방은 또 다른 잘못을 범했다. 바깥의 사람들만 경계했지 집안에 도적이 생길 줄은 몰랐다. 유방은 이성왕들을 하나씩 제거한 뒤, 그들의 자리에 자신의 형제와 자식, 조카를 앉혔다. 그는 훗날 그들이 유씨가 아닌 자들보다 더 노골적으로 반란을 일으킬 줄은 생각지도 못했을 것이다.

유방이 생각지도 못한 것을 진시황은 더더욱 생각하지 못했다.

 어쨌든 중국인들에게는 황제가 생겼다. 그는 상제의 적자嫡子로서

19 『사기』「장이진여열전」 참고.

세상에서 가장 강력하고 유일무이한 통치권을 가졌다고 규정되었다. 그 통치권에는 정책 결정권, 심사권, 입법권, 사법권, 감독권, 재판권이 다 포함되어 그야말로 세상의 모든 권력이 황제 한 사람에게 집중되었다. 이는 영락없는 중앙집권이었다.

진시황의 이상도 부분적으로 실현되었다. 유방 이후 몇 대에 걸친 노력으로 반봉건적 군국제가 폐지됨으로써 한 제국은 완전한 군현제를 이루었고 그로부터 100년 넘게 천하가 태평했다. 그리고 짧은 내전을 거쳐 200년간 평화가 유지됐다.

제국제도는 2132년 동안 지속되었다. 이는 중국 문명사에서 대략 60퍼센트를 차지하는 기간이다.

이런 점을 감안하면 진나라는 결코 죽지 않았다고 볼 수 있지 않을까?

그렇다. 여전히 논란의 여지가 있는 견해에 따르면 'China'는 사실 '진秦'의 독음이라고 한다. 이는 비록 확증이 없다 해도 비단과 자기로 'China'를 풀이하는 것보다 훨씬 더 상징적인 의미가 있다. 실제로 20세기 전까지 'China'는 사실상 진나라였다. 진 제국이라 불리지 않는 진 제국이었다. 이민족이 세운, 장수했거나 단명한 왕조들조차 예외가 아니었다.

이것은 또 왜 그랬을까?

독재는
필연이었다

인류사회의 정치제도사는 전부 사람들이 어떤 힘에 의존해 자원을 지배하고 부를 분배해온 역사인 동시에 인류가 그 힘을 전환하고 지배와 분배의 방식을 조정해온 역사이기도 하다.

역사는 길었으며 인류의 탐색도 다양했다.

최초의 방식은 무력에 의존했다. 주먹이 세고 칼을 잘 쓰는 사람이 땅과 가축과 여자와 명예를 소유했다. 그렇지 못한 사람은 다른 사람의 노예가 되었다. 무력의 강하고 약함이 유일한 기준이었다.

이로써 수립된 것이 '무력사회'다.

무력사회는 야만적이었고 계속 발전할 수도 없었다. 사회적 부의 충분한 창출은 오직 생산력의 발전에 달렸다. 약탈에 의한 부의 축적은 많은 자본이 소요될 뿐만 아니라 위험성이 높고 전 인류에게도 이롭지 않았다.

어쩔 수 없이 칼을 내려놓아야 했다. 그런데 문제는 칼 대신 무엇을 손에 들어야 하느냐는 것이었다.

두 가지 다른 선택이 있었다.

일부는 주판을 손에 들었다. 그들은 상업민족이었다. 상업민족은 자유무역을 주장했으며 자금을 지배력으로 삼았다. 이로써 수립된 것이 '재력사회'로서 자본주의가 그 전형적인 예다.

다른 일부는 권력의 지팡이를 손에 들었다. 그들은 권력을 근거로 상호관계와 각자의 몫을 결정할 것을 주장했다. 이로써 수립된 것이 '권력사회'이며 중화제국이 그 전형적인 예다.

무력사회, 재력사회, 권력사회가 3대 유형이다.

이 세 가지 사회 유형은 역사적으로 일찍부터 존재했다. 부락국가는 비교적 전형적인 무력사회였고 그리스의 폴리스는 미성숙한 재력사회였으며 화하의 방국들은 미완의 권력사회였다.

그래서 그것들은 변해야 했다.

그리스 폴리스의 방향은 '준準 제국'으로의 발전이었다. 그러나 아테네 제국이든 스파르타 제국이든 실제로는 국가 연맹에 불과했다. 스파르타와 아테네는 종주국이 아니라 맹주국일 뿐이었다. 그 지위는 주나라 왕국과 그 천자와는 비교가 되지 않았다. 단지 제 환공, 진 문공의 패업과 엇비슷했다.[20]

사실 그리스 폴리스는 제국으로 변하는 것이 불가능했다. 자유무

20 구준의 『그리스 폴리스제도』 참고.

역과 전제주의는 본질적으로 어울리지 않기 때문이었다. 그래서 그들은 불가피하게 먼저 마케도니아 제국에 병합되었고 그다음에는 로마인들에게 정복되었다. 그들의 사회적 이상은 자본주의 시대가 되어서야 다른 상업국가들에 의해 실현되었다.

화하의 방국은 달랐다.

방국은 필연적으로 제국으로 발전할 운명이었다. 방국은 본래 정치적 타협과 거래의 산물이었기 때문이다. 당시 주나라 천자는 이집트의 파라오 나르메르, 아시리아의 국왕 사르곤, 페르시아의 국왕 키루스, 마케도니아의 국왕 알렉산더처럼 거대한 통일 제국을 세울 능력이 없어 부득이 제후들을 봉하고 자신의 권력을 나눠줌으로써 그들의 무력을 확보했다.

대단히 훌륭하다! 무력을 권력과, 평화를 땅과 맞바꾼 것이다.

그런데 이런 거래는 어떻게 성사될 수 있었을까? 각 제후들이 이미 떠돌이 도적이 아니었기 때문이다. 떠돌이 도적이 일단 근거지를 얻어 정착하면 더 나아가 왕후가 되고 싶어하게 마련이다. 왕후장상의 씨가 어찌 따로 있겠는가? 왕후장상은 본래 다 도적이었다. 단지 변신에 성공하면 왕후라 불리고 실패하면 도적이라 불렸다. 성공하면 왕이요 실패하면 도적인 것이다.

이것은 무엇을 뜻할까?

무력이 권력으로 전환되고 무력사회가 권력사회로 넘어가는 것이 역사의 추세였음을 말해준다. 비록 그 권력을 무력으로 얻었더라도.

그래서 인류사 초기의 전쟁들은 일반적으로 두 가지 결과를 낳았다. 한편으로는 자원과 부가 어떤 강력한 무력 집단에게 집중되었으며, 다른 한편으로 그들은 동시에 무력 집단에서 권력 집단으로 변신했다. 이것은 마피아 집단이 일단 성공한 뒤에는 합법적인 사업을 하려고 하는 것과 똑같은 이치다.

이런 까닭에 어떤 집단(예를 들어 진나라)의 무력이 세상에 적수가 없을 만큼 강력해지면 사회와 국가의 성질에 변화가 생겼다. 무력사회는 필연적으로 권력사회로 넘어갔고 방국도 필연적으로 제국으로 변했다.

제국은 권력사회의 성숙한 형식이자 전형적인 형식이었다.

그것의 특징은 독재였다.

독재는 필연적이었다. 제국의 창시자는 본래 군사 집단이었기 때문이다. 군사 집단은 권력의 집중과 리더의 독재를 가장 선호한다. 그런 방식이 아니면 적을 이길 수 없기 때문이다. 그래서 권력사회의 통치자들은 어김없이 독재자였으며 군대의 설립과 장악을 가장 중요한 일로 간주했다. 자기가 무력으로 빼앗은 것은 역시 남에게 무력으로 빼앗기기 쉽다는 것을 누구보다 잘 알고 있었기 때문이다.

더욱이 독재는 그리 어렵지 않았다. 농경민족에게는 독재에 대한 일종의 갈망이 있기 때문이다. 마르크스가 말했듯이 그들은 수많은 낱낱의 감자가 모여 이뤄진 '한 부대의 감자'로서 스스로를 대표하지 못하고 꼭 남이 대표해주기를 바랐다. 또한 그들의 대표자는 반드시 그들의 주재자이기도 해서 지고무상의 권위와 무제한의 권력을 가져야 했다. 그 권력은 그들이 다른 계급에게 침탈당하지 않도록 보호하고 위에서 은택을 하사해줄 것으로 기대되었다.[21]

사실 농경민족이 더 선호한 것은 권력이지 무력이 아니었다. 권력의 남용이 불행을 가져오더라도 그 파괴력은 확실히 무력의 횡행보다는 못하다. 두 가지 해악 중 그나마 가벼운 것을 택한 것이다. 실제로 선택의 여지가 없으면 농경민족은 차라리 폭군을 원하지 폭민을 원하지는 않았으며, 또한 차라리 황제에게 복종하지 도적에게 붙지는 않았다.[22]

제국제도는 이에 호응하여 탄생했다.

그러면 그 전의 800년에 걸친 방국시대는 어떻게 설명해야 할까?

방국은 제국의 예비 단계였다. 그것은 그리스 폴리스제도와 마찬가지로 인류 문명의 위대한 실천이자 탐색이기도 했다. 하지만 방국이든 폴리스든 모두 도시국가에만 적용되었다. 나라가 작고 인구가 적어야만 직접민주제(그리스)나 직접군주제(화하)가 가능했다. 일단 영토국가로 변해 국토가 커지고 인구가 많아지면 어쩔 수 없이 "의원이 민의를 대표하는" 대의제나 "관리가 왕권을 대리하는" 대리제를 실시해야 했다.

21 마르크스의 『루이 보나파르트의 브뤼메르 18일』 참고.

22 사실 중국의 농민들은 삶이 벼랑 끝까지 몰려야 비로소 봉기하곤 했다. 그런데 이때 그들은 반란의 우두머리를 천명을 받은 천자로 보고 그 우두머리가 천하를 취하면 즉시 칼을 버리고 권력을 쥐기를 바랐다.

그래서 대국이 민주제를 시행하면 연방일 수밖에 없었고 대국이 군주제를 시행하면 반드시 독재여야 했다. 이런 이유로 방국제도가 와해되고 천하가 새롭게 재편되었다. 우선 후국이 공국으로 변하고 그다음에는 공국이 왕국으로 변했다. 왕국은 모두 영토국가로서 군현제를 실시했다. 분권제인 방국이 중앙집권제인 제국에 자리를 양보하는 것이 이미 막을 수 없는 추세가 되었다.

하지만 그렇다고 해서 방국시대가 의미가 없었던 것은 아니다. 800년이라는 예비 단계가 있었기 때문에 중화제국은 세계 최초의 제국은 아니어도 가장 전형적이고 성숙한 제국일 수 있었다.

그러나 이 점은 한 무제 이후에야 가시화되었다.

이제 다시 진나라로 돌아가보자. 진나라가 천하를 통일하고 제국을 건설할 수 있었던 것은 분명 그들의 제도와 문화가 역사의 조류에 순응했기 때문이다. 바꿔 말해 진나라인은 역사적 요구의 수행자로서 역사가 부여한 사명을 완성했을 따름이다. 그것은 그들의 행운이자 영광이었다.[23]

하지만 그럼에도 불구하고 진나라는 왜 2대 만에 망했을까?

23 졸저 『제국의 슬픔』 참고.

진나라 멸망의 교훈

일반적으로 새로운 정권이 빠르게 붕괴하는 데에는 세 가지 원인이 있다. 제도에 문제가 있거나 정치에 문제가 있거나 아니면 제도와 정치 둘 다에 문제가 있어서다.

진나라는 어느 경우였을까?

유종원은 정치에 문제가 있었다고 생각했다. 그는 진나라가 망한 것은 주나라가 망한 것과는 다르다고 말하면서 주나라는 제도가 문제였지 정치에는 문제가 없었던 반면, 진나라는 정치가 문제였지 제도에는 문제가 없었다고 주장했다.[24]

이것은 당연히 논의의 여지가 있다.

사실 주나라와 진나라는 같이 놓고 논할 수 없다. 주나라는 800년 만에 망했고 진나라는 2대 만에 망했는데 어떻게 함께 취급할 수 있겠는가? 주나라는 제도든 정치든 문제가 없었을 수도 있다. 단지 너

24 유종원의 「봉건론」 참고.

무 오래되어 기력이 다해서 사멸한 것이 아닐까?

진나라는 그렇지 않았다.

젊고 패기만만한 진나라는 새로운 기상으로 나날이 발전해야 마땅했다.

그것은 모두가 바라던 것이기도 했다.

사실 진 제국 건립 초기에는 통치자만 의기양양했던 것이 아니라 피통치자들도 희희낙락했다. 오랫동안 희구해온 최고 권위자가 탄생한 셈이었으니 사람들은 당연히 호의를 품고서 그가 세상에 행복이 가득하게 해주기를 바랐다.[25]

그러나 남은 것은 실망뿐이었다. 진시황은 결코 행복을 가져다주지 않았다. 그가 백성들에게 베푼 것은 폭력과 피비린내와 학정虐政이었다.

진나라의 정치가 학정이었던 것은 바로 진나라의 제도가 황제 전제주의였던 것과 긴밀한 관계가 있다. 이것은 이미 반복적으로 증명된 바 있다. 진나라의 정치와 제도는 모두 진국주의의 현실화이기도 했다. 그러나 황제 전제주의와 학정은 결코 등가관계가 아니다. 전제주의가 꼭 독재주의는 아닌 것처럼 말이다. 계몽 전제주의도 있고 집단 전제주의도 있다. 전한 초기가 바로 계몽 전제주의였으며 당나라와 송나라는 집단 전제주의였다. 전제주의이면서 독재주의였던 것은 주원장 이후부터였다.

25 당시의 지식인들과 명사들은 모두 진심으로 새로운 정권을 옹호했고 백성들도 큰 희망을 품었다고 한다. 가의의 「과진론」 참고.

그러면 진나라에서는 왜 전제주의에 학정이 더해졌을까?

아마도 자연스럽게 그렇게 되었을 것이다.

앞에서 보았듯이 진나라인은 화하화된 융적이었다. 본래 유목민족이었던 그들은 강력한 군대에 의지해 천하를 손에 넣었다. 따라서 무력과 강권을 숭상했으며 후한 상은 용사를, 강압 통치는 양민을, 강한 무기는 정권을 낳는다고 믿었다.

진 효공부터 진시황까지 모두 그러했다.

무력으로 권력을 획득한 이런 군사 집단이 별안간 천하를 집어삼키고 정권을 공고히 하려고 했다면 과연 어떤 방법을 강구했을까?

군사적 통제와 가혹한 형법밖에는 없었을 것이다.

이것이 바로 학정의 유래다.

그렇다. 제국제도의 창시자로서 진나라인은 사실 새로운 국가의 통치에 관해 아는 것이 전혀 없었으므로 왕국시대의 성공 경험을 답습할 수밖에 없었다. 그들은 그것이 멸망의 길이라는 사실을 생각하지도 못했고, 생각할 수도 없었다.

진나라인의 이런 잘못은 이해하기 어렵지 않다. 유방조차 이 점을 의식하지 못했기 때문이다. 유방이 황제가 된 후, 육가陸賈라는 신하가 늘 그의 귀에 대고 시경과 서경을 읊어댔다. 이에 유방은 버럭 화를 내며 욕을 퍼부었다.

 "이 천하는 내가 말 위에서 얻은 것인데 왜 빌어먹을 글귀 따위를 지껄이는 것이냐?"

육가는 그에게 반문했다.

"말 위에서 얻은 것을 역시 말 위에서 다스릴 수 있습니까?"[26]

이 말은 훗날 명언이 되었다.

문제는 왜 천하는 말 위에서 얻을 수는 있어도 말 위에서 다스릴 수는 없느냐는 것이다.

왜냐하면 천하를 얻는 것은 무력에 의지하지만 천하를 다스리는 것은 권력에 의지하기 때문이다.

확실히 권력과 무력은 같지 않다. 무력은 폭력이지만 권력은 폭력이 아니므로 권력사회는 반드시 무력사회를 대체하게 마련이다. 또한 이런 까닭에 제국의 권력은 무력에 의지해 획득되고 유지되더라도 '비전형적 폭력'으로 표현될 수 있을 뿐이다. 그런데 진시황 등은 비전형적 폭력(권력)을 전형적인 폭력(무력)으로 간주해 사용했으니 결국 망하지 않을 도리가 없었다.

진나라 멸망의 원인은 확실히 정치에 있었다.

바꿔 말해 그들은 권력을 정확하고 능숙하게 사용할 줄 몰랐다. 그들의 멸망은 아시리아 제국과 판에 박은 듯 똑같았다.[27]

그런데 진나라의 제도는 문제가 없었을까?

역시 문제가 있었다.

앞에서 말한 것처럼 진 제국이라는 건물은 중앙집권과 관리의 대

26 『사기』「역생육가열전」 참고.

27 아시리아 제국이 폭력의 사용으로 인해 멸망한 것에 관해서는 『창시자: 이중톈 중국사3』 참고.

리라는 두 기둥에 의해 지탱되었다. 이 두 기둥은 상호 인과관계로 연결되었다. 중앙에 권력을 집중시키기 위해서는 반드시 세습 영주와 방국을 제거해야 했다. 그리고 그 공백을 관리와 군현으로 메웠다. 관리는 황권의 대리인일 뿐이었으며 최고의 권력은 당연히 황제에게 있었다. 따라서 두 기둥은 사실상 하나였다.

하나의 기둥으로는 지탱하기 어려워서 진 제국은 와르르 무너졌다.

진나라의 멸망은 분명 정치에도, 제도에도 그 원인이 있었다. 정치에서의 보완책은 학정을 인정仁政으로 바꾸거나 적어도 인정처럼 보이게 하는 것이었다. 제도에서의 보완책은 중앙집권과 관리의 대리 외에 또 하나의 기둥을 세우는 것이었다. 그래야만 제국은 반석 위에 세워질 수 있었다.

그래서 진나라의 정치는 반드시 한나라의 정치로 바뀌어야만 했으며 진나라의 제도도 한나라의 제도로 바뀌어야 했다. 이것은 물론 몇 대에 걸친 이들의 노력과 실천이 필요했다. 그러나 한꺼번에 이 모든 것을 처리한 유능한 군주가 있었다.

그는 바로 한 무제였다.

저자 후기

우리에게
선택의 여지는 없었다

이번 권부터 『이중톈 중국사』 제2부가 시작되었다.

제2부의 제목은 '제1제국'이다.[1]

제국이 중국 문명사에서 차지하는 비중은 매우 크다. 그것은 장장 2132년이나 계속되어서 중국사 전체 3700년 중 약 60퍼센트에 해당한다. 그전의 전국시대는 방국이 제국으로 전환되는 단계였다. 전국시대 이전의 서주, 동주, 춘추는 방국시대였다. 또 서주 이전은 초기 국가 시대로서 그중 상나라는 부락국가 연맹이었으며 하나라는 부락국가였다. 더 과거로 올라가면 이른바 '삼황오제'를 만나지만 그것은 유사 이전의 시대로서 문명사에는 속하지 않는다.

따라서 하, 상, 주부터 춘추, 전국까지는 '전前 제국시대'라 통칭할 수 있으며 하나라 이전은 '전 국가시대'였다.

전 제국시대와 전 국가시대의 이야기가 『이중톈 중국사』의 제1부

1 서양 학자들은 진나라부터 청나라까지를 중화제국 시기라고 칭한다. 레이황은 중화제국을 세 단계로 나누어 진나라, 한나라를 제1제국, 당나라·송나라를 제2제국, 명나라·청나라를 제3제국이라 했다. 판수즈樊樹志의 『국사십육강國史十六講』 참고.

'중화의 뿌리'를 구성했다. 그것은 힘들고도 매혹적인 여정이었다. 『선조』는 얼음을 깨고 나아가는 여정이었고, 『국가』는 순항의 여정이었고, 『창시자』는 근원을 탐색하는 여정이었고, 『청춘지』는 영혼의 여정이었고, 『춘추에서 전국까지』에서는 고수들이 한바탕 재주를 겨루었으며 『백가쟁명』은 천재들의 경연장이었다. 백가쟁명 이후에 진나라가 천하를 통일했다.

제국시대로 접어들면 더 드넓은 바다가 펼쳐진다.

그렇다. 『이중톈 중국사』 제2부의 여섯 권은 800년의 역사를 펼쳐낼 것이다. 그 안에는 두 개의 단명한 왕조(진秦나라와 진晉나라), 하나 혹은 두 개의 장수한 왕조(전한과 후한) 그리고 천하의 삼분(삼국)과 남북의 대치(남북조)가 포함되어 내용이 풍부하고 시야가 넓다.

그러나 넓은 것이 꼭 좋은 것만은 아니다. 방향을 잃기가 쉽기 때문이다.

방향을 파악하는 유일한 방법은 목표를 명확히 보는 것이다. 우리의 목표는 무엇일까? 3700년 동안의 우리의 운명과 선택이다. 그러므로 진나라가 천하를 통일한 역사적 고비에 이르러 우리는 이런 질문을 하지 않을 수 없다. 과연 선택은 있었는가?

없었던 것 같다.

그 전에는 확실히 선택한 적이 있었다. 탐색도 실천도 있었다. 서주가 건립한 봉건제도나 방국제도가 그것이었다. 세 등급(천하, 국, 가)이 존재하면서 각기 권한을 나눠 갖고 역할을 수행한 것은 모든 면에서 제국제도와는 상반되었다. 만약 그 제도의 시험이 성공했다면 우리는 전혀 다른 길을 걸을 수 있지 않았을까?

애석하게도 그랬을 가능성은 없다.

왜 가능성이 없는지는 이번 권에서 이미 설명했다. 전쟁을 통해 중앙집권을 완성한 통일제국은 세계 역사의 공통된 추세였다. 중국만의 특수성이 있다면 그것은 제국이 있기 전에 방국이 있었다는 점이다.

방국제도는 중국인의 독창적인 창조물이었다. 폴리스제도가 그리스인의 발명품인 것과 마찬가지였다. 방국과 폴리스의 명확한 차이점은 동주 열국과 인도 열국 그리고 서아시아와의 차이점과 동일하게 각 방국들 위에 천하의 주인이 존재했다는 데 있다. 그것은 주 왕국과 주 천자였다.

천명을 받아 온 천하를 다스리는 천자는 '전 제국시대'의 다른 민족들에게는 없었던 유일무이한 존재였다.

그 결과는 어땠을까?

아시리아 제국, 페르시아 제국, 마우리아 제국에 비해 중화제국은 더 강력한 법적·심리적 정당성을 가질 수 있게 되었다. 그렇다. 천자는 본래 존재했고 또 존재해야 했다. 전국시대에는 천자가 없어서 천하에 전란이 끊이지 않았다. 그래서 제국은 탄생과 동시에 주 천자를 진시황 혹은 한 고조로 바꿔놓았고, 정반대의 것으로 보이는 방국제도가 뜻밖에도 제국의 초석이 되었다. 중화제국은 이로 인해 세계의 다른 제국들에 비해 더 성숙하고 더 제국다워졌다.

이것은 행운이었을까, 불행이었을까?

이것은 운명이었을까, 선택이었을까?

아마도 드넓은 바다로 깊숙이 들어가 뒤를 돌아보아야 똑똑히 알 수 있을 것이다. 그 전까지는 유방과 영포가 전장에서 나눈 대화를 떠올리는 것으로 만족하기로 하자.

유방이 물었다.

"너는 무엇 때문에 반란을 일으켰느냐?"

영포가 답했다.

"이 몸은 황제가 되고 싶다!"

옮긴이의 말

교육하지 않는 것이 가장 좋은 교육이다

『이중톈 중국사』를 번역하면서 가끔씩 중국 인터넷에 들어가 이중톈의 최근 소식을 찾아보는 것이 버릇이 되었다. 그는 『이중톈 중국사』 36권 집필이라는 필생의 작업을 진행 중이면서도 의외로 활발한 사회 활동을 하고 있다. 시사 프로그램을 진행하기도 하고, 유수의 잡지와 신문에 기고하기도 하고, 대중 강연도 한다. 그리고 중요한 발언들은 빠짐없이 갈무리해 자신의 블로그에 올린다. 우리 나이로 거의 고희가 다 되었지만 여전히 대중과의 소통을 중시하고 지식인의 사회적 책임을 잊지 않고 있는 것이다.

올해 이중톈의 최대 관심사는 '교육'인 듯하다. 연초부터 『난팡주간南方週刊』 같은 잡지와 '신화망新華網' 같은 인터넷 뉴스사이트에서 연이어 중국의 교육 현실을 비판하고 나름대로 대안을 제시하고 있다. 그런데 그가 지적하는 중국 교육의 현실 대부분이 우리와 흡사해서 그의 글을 읽으며 저절로 낯이 뜨거워졌다. 우선 그는 중국 대학에 대해 아래와 같이 개탄한다.

> 교육부가 대학들에 대해 이른바 교육개혁을, 다시 말해 '양적 관리'를 실행한 뒤로 중국 대학들의 학술적 분위기와 교육의 질은 계속 안 좋아졌다. 이 문제에 대해 나는 리링李零 선생의 관점에 동의하는데, 그것은 양적 관리가 대학을 양계장으로 만들었다는 것이다. 이 양계장에서 선생은 충실히 학문 연구할 생각은 안 하고 학생들을 데리고 알을 낳는 데만 바쁘다. 강사가 부교수가 되는 데 몇 개의 알이 필요하고, 부교수가 정교수가 되는 데 몇 개의 알이 필요하다는 것을 규정해놓았기 때문이다. 이 알들을 어디에 낳아야 하는지, 예를 들어 어떤 권위적 학술지에 낳아야 하는지도 규정해놓았다.

이중톈이 말하는 중국 대학의 '양계장'론은 교수의 업적을 '논문 편수' 혹은 '외국 저명 학술지 논문 게재 편수'라는 양적 기준에 따라 평가하여 대학의 연구 환경을 초토화시킨 한국과 거의 판박이다. 한편 이런 심각한 문제가 어디 교수 사회에만 국한되겠는가? 대학생들의 상황도 만만치 않다.

> 학생들은 문제 분석은커녕 문제 제기도 할 줄 모른다. 반문, 반박, 질문

조차 할 줄 모른다는 것이다. 토론하지 못하는 것은 사고하지 못하기 때문이다. 사고하지 못하는 것은 우리의 학교가 애초에 그것을 가르치지 않았기 때문이다. 학교에서 가르치는 것은 정확한 기준 답안뿐이다. 비판과 회의가 허용되지 않고 분석과 실증을 훈련받을 기회가 없다. 심지어 이과 수업에서도 과학적 수단(기술과 기교)만 있을 뿐 과학적 방법, 나아가 과학 정신이 없다. 과학 정신이란 무엇인가? 회의의 정신, 비판의 정신, 분석의 정신, 실증의 정신의 총화다. 이것이 없으면 독립적 사고를 할 줄 모르고 독립적 사고를 할 줄 모르면 자아를 잃게 된다. 자아를 잃으면 필연적으로 도덕이 추락한다. 진정한 도덕은 자아의식의 기초 위에 수립되기 때문이다. 자신조차 사랑하지 않는 사람이 어떻게 다른 사람과 사회와 국가를 사랑할 수 있겠는가?

흔히 대학 수업의 전형적인 방식을 '토론 수업'이라고 말한다. 학생들이 어떤 문제에 대한 의견을 토론을 통해 종합하면서 문제의식을 심화하고 함께 대안을 연구하게 하는 방식이다. 하지만 지금 대학 현장에서는 토론 수업을 진행하기가 무척 어렵다. 이중톈의 말대로 요즘 학생들은 '문제 분석'에 앞서 '문제 제기'조차 힘들어 하며 그 가장 큰 원인은 '모범 답안'과 '모범 논증'에 대한 그들의 강박이다. 이는 어렸을 때부터 줄곧 주어진 모범 답안을 외우고 모범적인 논증 과정을 되풀이해 훈련하면서 생겨난 병증이다. 이처럼 모범 답안과 논증의 노예가 돼 있는 학생들이 과연 온전한 사회적 주체로 클 수 있을 것인가? 자신이 몸담고 있는 사회 현실을 객관적으로 진단하고 비판적 대안을 찾는 한편, 이상적인 미래상을 지향할 수 있을 것인가? 당연히 기대하기 힘들다. 이중톈의 말대로 그들은 '독립적 사고'를 할 줄 모르기 때문이다.

그러면 교육의 이런 총체적인 위기를 해결하기 위해서는 어떻게 해야 하는가? 이중톈은 우선 지금의 교육을 철저히 고쳐야 한다고 말한다.

> 고쳐야 한다. 어떻게 고쳐야 하는가? 근본으로 돌아가야 한다. 근본은 바로 '인간의 전면적이고 자유로운 발전'이다. 모두가 '진정한 인간'이 되게 해야만 한다.

비판은 첨예했는데 해결 방안은 의외로 추상적이다. 근본으로 돌아가야 한다니? 진정한 인간이 되게 하는 교육으로 바꿔야 한다니? 과연 어떻게? 하지만 어쩌면 제도 개선 같은 구체적인 방안을 제시해 고치기에는 지금의 교육은 정말 근본적으로 잘못되어 있는지도 모른다.

> 교육의 근본 목적은 이미 잊히고 말았다. 부모들은 하나같이 자식이 용이 되기를, 인재가 되기를 바란다. 교육은 본래 인간을 근본으로 삼아

야 하므로 우리는 먼저 자식이 인간이 되기를 바라야 한다. 자식을 인간으로 교육시키는 것이야말로 우리의 최대 목표다.

인간이 되는 4대 기준은 8글자로 요약된다. 진실, 선량, 건강, 기쁨이다. 우리의 진실의 기준은 거짓말을 하지 않는 것이고, 선량의 기본은 측은지심이고, 건강은 마음의 건강과 몸의 건강을 포괄하는데 마음의 건강이 몸의 건강보다 훨씬 중요하고, 성공의 여부보다 자신이 과연 기쁜지가 역시 더 중요하다.

진실, 선량, 건강, 기쁨이라니 과도한 경쟁으로 살벌하기 그지없는 우리의 교육 현장에서 얼마나 홀시되고 있는 가치인가. 하지만 섣불리 코웃음치기 전에 젊은 시절 신장의 대사막에서 살아 돌아왔고 늦깎이로 공부를 시작해 중국 최고의 교육자이자 석학이 된 이 노학자의 말을 잠시 음미해보는 것도 괜찮을 것 같다. 그는 어쨌든 물정 모르는 고리타분한 늙은이가 아니므로. 마지막으로 그가 일선 학교에서 강연을 요청받을 때마다 되풀이해 강조한다는 말을 옮겨본다.

많은 학교에서 나를 청해 아이 교육의 경험을 소개해달라고 하면 나는 교육하지 않는 것이 내 교육 방법이라고 말한다.

나는 일부러 허황된 얘기를 하는 것이 아니다. 내가 '교육하지 않는다는 것'은 사실 '무위이치無爲而治'의 사상이다. 자녀 교육에 있어서 진정으로 무위이치를 실행하기 위해서는 두 가지 조건을 구비해야 한다. 우선 집에서 민주적인 환경을 만들어야 한다. 예를 들어 무슨 일이든 아이와 상의하여 행해야 한다. 그다음으로는 좋은 학습 환경을 만들어야 한다. 이 두 가지만 갖추면 괜히 헛심을 쓰지 않고 진정으로 무위이치의 즐거움을 누릴 수 있다.

그의 말대로 '무위이치'의 교육이 가능하다면, 다시 말해 부모가 억지로 애쓰지 않고도 아이들이 스스로 호기심을 갖고 배움의 즐거움을 누리게 할 수 있다면 얼마나 좋겠는가!

2015년 10월

이중톈 중국사
＼07＼

진시황의 천하

1판 1쇄	2015년 11월 10일
1판 2쇄	2023년 3월 24일
지은이	이중톈
옮긴이	김택규
펴낸이	강성민
편집장	이은혜
기획	김택규
마케팅	정민호 이숙재 박치우 한민아 이민경 박진희 정경주 정유선 김수인
브랜딩	함유지 함근아 박민재 김희숙 고보미 정승민
제작	강신은 김동욱 임현식
독자모니터링	황치영
펴낸곳	(주)글항아리 **출판등록** 2009년 1월 19일 제406-2009-000002호
주소	10881 경기도 파주시 심학산로 10 3층
전자우편	bookpot@hanmail.net
전화번호	031-941-5159(편집부) 031-955-8869(마케팅)
팩스	031-955-2557
ISBN	978-89-6735-265-3 03900

잘못된 책은 구입하신 서점에서 교환해드립니다.
기타 교환 문의 031-955-2661, 3580

www.geulhangari.com